DIGITAL *lifeguide*

Karsten Siemer
Manfred Schwarz

OUTLOOK®

So werden Sie zum perfekten Organisationstalent

www.digital-lifeguide.de
www.hanser.de

HANSER

INHALTSVERZEICHNIS

VORWORT

Sie wollen Ihre Aufgaben, Termine, E-Mails und Kontakte, zum Beispiel aus sozialen Netzwerken, optimal organisieren und miteinander verbinden? Dann ist Microsoft Outlook das Richtige für Sie. Es kann sehr viel mehr, als nur E-Mails senden und empfangen. Lesen Sie in diesem **DIGITAL-*lifeguide***, wie Sie die Möglichkeiten dieses Office-Klassikers optimal nutzen – ob im Job oder privat, ob auf dem PC oder auf verschiedenen mobilen Geräten.

Wie dieses Buch „funktioniert"

In zehn Kapiteln lernen Sie anschaulich, praxisnah und in nachvollziehbaren Schritten die Anwendungsbereiche von Outlook kennen. Der Schwerpunkt liegt dabei auf der aktuellen Version Outlook 2010. Mit dieser Version, unter dem Betriebssystem Windows 7, wurden die Abbildungen in diesem Buch erstellt. Doch auch für Anwender der Vorgänger-Version Outlook 2007 sind die Abläufe nachvollziehbar – alle wesentlichen Abweichungen werden genannt. Wenn Sie Outlook 2003 nutzen, stehen Ihnen die meisten Funktionen in ähnlicher Weise ebenfalls zur Verfügung.
Außerdem lernen Sie in diesem Buch das ebenfalls im Microsoft-Office-Paket enthaltene Programm OneNote kennen – die ideale Ergänzung für die Notizen- und Aufgabenverwaltung.
In vielen Tipps und URL-Boxen wird auf Programmerweiterungen und interessante Web-Angebote rund um Outlook und das Zeitmanagement hingewiesen.

Die URL-Box, der QR-Code und die Website zum Buch

Alle in einem der zehn Kapitel angeführten URLs zu interessanten Inhalten im Internet werden jeweils in einer URL-Box zusammengefasst. Sie können die Adressen entweder per Hand in Ihren Browser eintippen, oder Sie steuern die Website **www.digital-lifeguide.de/outlook** an und

URL

Links zur Website des Buches und zu QR-Readern wie i-nigma & Co.:
- www.digital-lifeguide.de/outlook
- www.i-nigma.mobi
- www.mobile-barcodes.com/qr-code-software/#quickmark

geben dort als Suchbegriffe „Outlook“ und die jeweilige Seitenzahl der URL-Box im Buch ein. Dort finden Sie dann alle Adressen und brauchen sie nur noch anzuklicken, um zum gewünschten Ziel zu gelangen. Außerdem gibt es dort aktuelle Ergänzungen zum Buch. Diese URLs zu den Inhalten jedes einzelnen Kapitels können Sie auch über den QR-Code am Rand der URL-Box direkt in Ihr Handy oder Smartphone laden. Der QR-Code (QR steht für „quick response“ = schnelle Antwort) ist zweidimensional und besteht aus einem Quadrat aus schwarzen und weißen Punkten, die die codierten Daten der URL darstellen. Für Computer und Smartphones mit Kamera gibt es Software, die mit einer Kamera aufgenommene QR-Codes decodieren kann. Eine URL zu einem solchen Programm finden Sie links in der URL-Box.

Andere Boxen und die Web-Tags

Außerdem finden Sie weitere Boxen mit praxisnahen Tipps, interessanten und amüsanten Zusatzinformationen sowie Ratschlägen, wann Sie Vorsicht walten lassen sollten und wo und wie Sie Zeit und Geld sparen können. Die Web-Tag-Wolke am Ende jedes Kapitels zeigt Ihnen ein paar Ideen auf, unter welchen Stichworten Sie zum Beispiel in der Internet-Suchmaschine zum Kapitelthema weitersuchen können.

Sind Sie bereit für die digitale Art des Organisierens?

Die Autoren wünschen Ihnen viel Spaß beim Lesen und Ausprobieren!

PS: Wenn Sie Anregungen oder Wünsche zu den DIGITAL*lifeguides* haben, freuen wir uns über eine E-Mail an digital-lifeguide@hanser.de.

Karsten Siemer ist Diplom-Medienberater. Er hat als Redakteur einer PC-Zeitschrift und in der Dokumentation eines Hamburger Software-Unternehmens gearbeitet. Seit einigen Jahren ist er freiberuflich als Technischer Redakteur mit dem Schwerpunkt betriebswirtschaftliche Software tätig.

Manfred Schwarz hat als Autor mehr als 50 Bücher entwickelt und realisiert, unter anderem für Gräfe und Unzer, Eichborn, Ravensburger und Microsoft Press. Als Coach und Trainer liegt sein Fokus auf den Bereichen Kommunikation und Führungskräfteentwicklung. Er ist Herausgeber der DIGITAL*lifeguides*.

VORSTELLUNGSGESPRÄCH: IHR NEUER SEKRETÄR

Zum englischen Begriff „Outlook“ liefert das Online-Wörterbuch „LEO“ eine Vielzahl von Übersetzungsvorschlägen. Am besten passt davon in unserem Fall eigentlich das Wort „Chance“ aus dem Beispielsatz „What is the Outlook“ („Wie stehen die Chancen“). Schließlich stehen Ihre Gewinn-Chancen ziemlich gut, wenn Sie auf Outlook als Organisationshilfe setzen. Was Sie mit Outlook gewinnen können, ist vor allem eines: Zeit.

Zeit und Ordnung – darum dreht sich alles bei Outlook. Was auch immer Sie mit Ihrer Zeit anfangen – ob Sie diese in produktive Arbeitszeit (sprich: Effektivität) ummünzen oder ob Sie sie als Lebenszeit gestalten und genießen, in jedem Fall lässt sie sich mit Outlook hervorragend managen.

Zeit und mehr gewinnen

Doch mit der Lektüre dieses Buches investieren Sie zunächst einmal Zeit, ebenso wie mit dem Erlernen, Ausprobieren und Verfeinern der Möglichkeiten, die Ihnen Outlook bietet. Wir, die Autoren dieses Buches, hoffen, unseren Teil dazu beizutragen, dass sich Ihre Investition schnell in barem Zeitgewinn bezahlt macht. Wir sind zuversichtlich, denn Outlook ist ein effizient und vielseitig einsetzbarer sogenannter „persönlicher Informations-Manager“, – kurz: PIM.

Die Aufgabe eines PIM besteht darin, Sie beim Organisieren Ihrer E-Mails, Aufgaben, Termine, Kontakte und einigem mehr zu unterstützen. Ein PIM, und damit auch Outlook, kann ebenso sinnvoll im beruflichen wie im privaten Umfeld eingesetzt werden. Outlook ist nicht das einzige Programm dieser Software-Kategorie, jedoch das bekannteste, am weitesten verbreitete und wohl auch eines der leistungsfähigsten.

Übrigens: Außer der Zeit gibt es noch mehr zu gewinnen, und das ist Lebensqualität. Denn mit einem konsequent genutzten PIM haben Sie den Kopf frei für die wichtigen Dinge, und nie mehr das Gefühl „da war doch noch was ...“.

Nicht zuletzt hoffen wir natürlich, dass Sie auch Spaß haben werden – bei der Lektüre dieses Buches ebenso wie beim souveränen Organisieren.

Was Outlook kann

Outlook (Bild 1.1) wird gelegentlich als einfaches „E-Mail-Programm“ abgetan

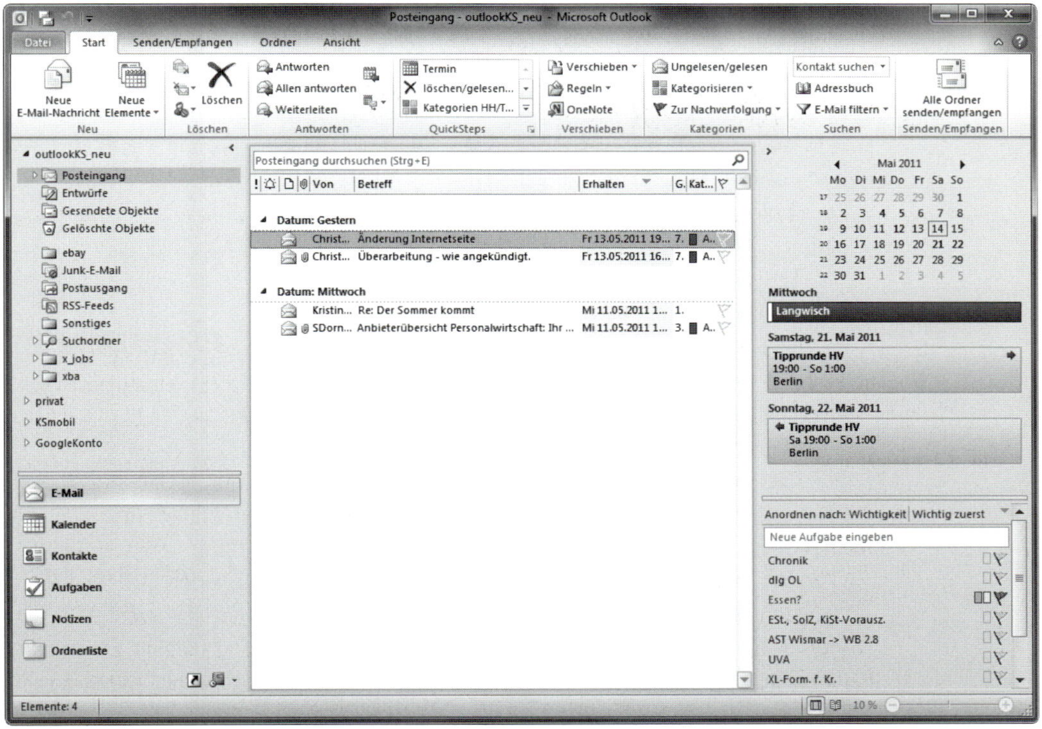

Bild 1.1 Outlook 2010 mit E-Mail-Ordner, Navigationsleiste (links) und Aufgabenleiste (rechts)

und damit drastisch unterschätzt. Für den Fall, dass Sie Outlook noch nicht oder nur flüchtig kennen, stellen wir Ihnen zunächst einmal kurz vor, wofür Sie dieses Programm überhaupt nutzen können. Mit Outlook können Sie vor allem:

- E-Mails schreiben und gestalten, senden, empfangen, verwalten, speichern, durchsuchen, auswerten - auch für mehrere E-Mail-Konten gleichzeitig
- Kontakt- und Adressdaten verwalten, optimal organisieren und nutzen, auch für Gruppen-E-Mails, Serienbriefe oder Ähnliches
- Termine aus Beruf und Privatleben erfassen und organisieren, in Kalendern anzeigen, sie an Termine erinnern, Termine mit anderen abstimmen, öffentliche oder Team-Kalender pflegen

- Aufgaben und To-do-Listen verwalten, Prioritäten setzen, aus E-Mails und/ oder Terminen Aufgaben erzeugen und umgekehrt
- Notizen erfassen und verwalten oder, noch besser, Notizen und Aufgaben im Zusammenspiel mit OneNote organisieren
- Mit Kollegen, Familie oder Freunden online Informationen austauschen und nutzen, Daten online auf verschiedenen PCs, Smartphones etc. abgleichen
- Als Schaltzentrale Ihrer täglichen Arbeit am PC wichtige Informationen auf einen Blick zur Verfügung stellen

Sie sehen, Outlook beackert ein weites Feld – nicht jeder Nutzer benötigt alle Funktionen in gleicher Weise. Eine der wichtigsten Stärken des Programms besteht deshalb darin, dass Sie es sehr flexibel an Ihre Anforderungen und an Ihre Arbeitsweise anpassen können.

Was Outlook nicht kann

Für Ihr Zeitmanagement oder Ihre Selbst-Organisation – wie auch immer Sie es nennen mögen – ist Outlook das ideale Werkzeug. Aber eben auch nur das, ein Werkzeug. Die folgenden Dinge kann Outlook Ihnen nicht abnehmen, ebenso wenig wie jeder andere PIM:

- individuelle Prioritäten setzen, Ziele entwickeln, Aufgaben sinnvoll delegieren, „Nein" sagen
- ein gutes Zeitmanagement-System finden oder auch nur ein Minimum an Selbst-Organisation oder Selbst-Disziplin realisieren
- den richtigen Umgang mit E-Mails garantieren, Stichworte „Vertraulichkeit", „Sicherheit", „Effizienz", „Ordnung", „Etikette" – aber auch hier hilft es ...

Vergleichbare Programme

Wie erwähnt ist Outlook nicht das einzige Programm seiner Art auf dem Markt. Es gibt Alternativen, die in einigen Belangen durchaus mithalten können und zum Teil sogar kostenlos sind.

Eine kleine Auswahl der Outlook-Konkurrenten wollen wir hier fairerweise kurz vorstellen. Über Online-Dienste können Sie diese auch zusammen mit Outlook nutzen. Mehr dazu lesen Sie im Kapitel 10. Ausführlichere Einführungen in die genannten Programme (außer Lotus Notes) finden Sie auch im Band **Organisiert** der Reihe DIGITAL*lifeguide*.

Lotus Notes (IBM): Dies ist ein mächtiges Software-Paket, das besonders auf den Netzwerk-Einsatz in größeren Unternehmen ausgerichtet ist. Aufgrund der hohen Implementierungskosten ist es für den privaten Bereich nicht geeignet.

Thunderbird/Lightning: Dieses kostenlose („Open Source") Programm ist zunächst auf E-Mails spezialisiert, es lässt sich aber einfach um die Kalenderanwendung „Lightning" erweitern. Diese Kombination reicht dann zumindest im privaten Einsatz für die meisten Zwecke an Outlook heran.

Windows Live: Windows Live Mail ersetzt seit Windows Vista **Outlook Express**, das E-Mail-Programm, das bis Windows XP zum Betriebssystem gehörte und häufig mit dem „richtigen" Outlook verwechselt wurde. Windows Live umfasst aber darüber hinaus eine Vielzahl kostenloser Online-Dienste (Bild 1.2). Online-Dienste sind Funktionen, die im Wesentlichen über Ihren Browser und eine Internetverbindung „im Netz" laufen. Bei Windows Live gehören dazu neben Mail und Kalender auch eine Online-Festplatte, ein Online-Fotoalbum, reduzierte Office-Anwendungen und vieles mehr – ein tolles Angebot für private Windows-Nutzer. E-Mail-Konten, die Sie bei Windows Live bzw. Hotmail führen, können Sie aber auch mit Outlook verwalten, dazu mehr im nächsten Kapitel. Alles Wissenswerte über **Windows Live** erfahren Sie im gleichnamigen Band unserer Reihe **DIGITAL***lifeguide* (erscheint Ende 2011).

Google: Der Suchmaschinenbetreiber bietet eine Vielzahl von Online-Diensten an, die meisten davon kostenlos. Alles, was Sie dafür benötigen, ist ein Google-Konto. Damit stehen Ihnen dann über Ihre individuelle Google-Startseite im Browser viele Funktionen kostenlos zur Verfügung – die

Bild 1.2 Windows-Live-Homepage – kostenlose Onlinedienste

TIPP

32 oder 64 Bit? Auf vielen neuen PCs ist Windows in der 64-Bit-Version vorinstalliert, um mehr Arbeitsspeicher nutzen zu können. Sie sollten jedoch auch auf solchen PCs die standardmäßige **32-Bit-Variante** von Office installieren. Die 64-Bit-Variante empfiehlt Microsoft selbst nur für seltene Ausnahmefälle.

Daten liegen allerdings, wie bei allen Online- und Cloud-Diensten, auf den Servern des Betreibers! Auch Google bietet Mail-Funktionen, Kalender, Aufgabenverwaltung, Office-Funktionen, Fotoalben und vieles mehr.

Apple Mail/iCal: Apple Mail und iCal gehören zum Funktionsumfang des Apple-Betriebssystems Mac OS. Auch ein Adressbuch haben die Nutzer eines Apple-Macintosh-Rechners automatisch mit an Bord.

Das spricht für Outlook

Was spricht also dafür, Outlook zu nutzen, wenn andere (kostenlose) Software Ähnliches bietet?

- Outlook ist in einigen Bereichen ausgereifter und leistungsfähiger als die Konkurrenz.
- Outlook speichert die Daten lokal, also auf Ihrem Rechner, statt online auf den Servern des Herstellers. Das bedeutet mehr Sicherheit, Vertraulichkeit und Unabhängigkeit von Internetverbindungen.
- Das Zusammenfassen der unterschiedlichen, oben genannten Funktionen in einer einzelnen All-In-One-Lösung wie Outlook ist in der Praxis sinnvoll und effizient.
- Outlook arbeitet besonders gut mit anderen Office-Programmen zusammen, besonders Word und OneNote.
- Outlook hat im Business-Bereich eine sehr große Verbreitung, das heißt, Outlook-Kenntnisse können eine wertvolle oder gar unerlässliche berufliche Qualifikation darstellen.
- Wenn Sie Outlook beruflich einsetzen, aber auch privat einen PIM nutzen möchten, müssen Sie sich nicht mit unterschiedlichen Programmen beschäftigen und können die Daten einfacher synchronisieren. Jedes zusätzliche Programm für denselben Zweck kostet Zeit.

Die beste Outlook-Version

Outlook gehört seit Mitte der 90er Jahre zum Microsoft-Office-Paket, genauer seit Office 97. Das aktuelle Outlook 2010 stellt damit bereits die siebte Generation dar. Wenn Sie Office oder Outlook neu kaufen möchten, erhalten Sie es zwar zumindest von Microsoft nur in der jeweils aktuellen Version, doch viele Vorgänger-Versionen kursieren noch bei Freunden und Verwandten, auf alten PCs, bei eBay und so weiter. Für welche Version sollten Sie sich also entscheiden?

VORSICHT

Falls Sie sich für die günstige Key-Card-Version von Microsoft Office entscheiden (siehe Text), vermeiden Sie die standardmäßige **„Click-to-run“**-Installation, die später im Zusammenspiel mit anderen Programmen Probleme bereiten kann. Laden Sie stattdessen die vollständige Installationsdatei (setup.exe) herunter.

Die einfache Antwort: Bleiben Sie für den Anfang bei der Version, die Sie haben - sei es die Outlook-Version am Arbeitsplatz oder die aus einem schon älteren privaten Office-Paket - mindestens Version 2003 sollte es aber, wenn möglich, schon sein. Die Office-Grundfunktionen sind seit Langem vorhanden, allerdings enthalten gerade die neuesten Versionen 2007 und 2010 viele sinnvolle Änderungen (siehe unten). Wenn Sie sich einmal mit Outlook angefreundet haben, ist die Chance, dass sich ein Upgrade für Sie lohnt, ziemlich groß. Unter anderem wurden die Sicherheitsfunktionen (Stichworte: Spam-Filter und Anti-Phishing-Schutz) verbessert.

Ein Upgrade ist jederzeit möglich, ohne dass Sie Ihre Daten verlieren. Die Abbildungen und Beschreibungen in diesem Buch beschränken sich im Wesentlichen auf die Version 2010. Grundlegende Abweichungen bei Version 2007 werden ebenfalls berücksichtigt, sodass Sie die Schrittfolgen nachvollziehen können. Noch ältere Versionen hier zu berücksichtigen, war aus Gründen der Übersichtlichkeit und Verständlichkeit nicht möglich. Viele der im Folgenden genannten Funktionen finden Sie aber auch schon beispielsweise in Outlook 2003 - wenn auch unter einer anderen „Programm-Oberfläche“ - die Menüs und Menüleisten haben sich in den letzten Versionen deutlich verändert.

Das richtige Paket

Die meisten Anwender erwerben Outlook als Bestandteil des Pakets **Microsoft Office**.Leider ist es in der sehr günstigen Office-Suite „Home & Student“ nicht enthalten, sondern erst ab **„Home & Business“**. Falls Sie außer Outlook wirklich keine der anderen Office-Anwendungen benötigen, können Sie es auch als **Einzelanwendung** für ca. 130 Euro bekommen.

Ein aktuelles Office-Paket hat allerdings nicht zuletzt den Vorteil, dass Sie dann auch gleich das neueste **OneNote** haben. Im Kapitel 8 sehen Sie, warum Outlook und One-

Note ein perfektes Organisations-Team bilden. Wenn Sie sich entschließen, ein Office-Paket mit Outlook zu kaufen, ist also in der Regel „Home & Business“ die richtige Wahl. Das jedoch gibt es wiederum in zwei Varianten: die Standard-Version mit Installations-DVD kostet ca. 280 Euro und lässt sich auf zwei Rechnern installieren, die Sie nicht gleichzeitig nutzen, etwa auf Ihrem Desktop und einem Notebook für unterwegs. Günstiger ist die „Key-Card“-Variante von Office für ca. 180 Euro. Sie erhalten hier jedoch nur einen Umschlag mit Lizenzschlüssel und müssen die Installationsdateien selbst herunterladen. Die Key-Card-Lizenz gilt außerdem **nicht** für einen zweiten PC.

Lohnt sich ein Upgrade?

Falls Sie bereits mit einer älteren Outlook-Version vertraut sind und wissen möchten, ob sich ein Upgrade für Sie lohnt, lesen Sie hier als Entscheidungshilfe eine kleine Auswahl wichtiger Änderungen der letzten zwei Versionsschritte. Zunächst die Änderungen der Version 2007 zu 2003:

Kategorien: Unscheinbar, aber für den Organisationsaspekt wichtig sind die Farbkategorien zur visuellen Kennzeichnung von E-Mails, Terminen, Kontakten, Aufgaben etc., die in den folgenden Kapiteln mehrfach zur Sprache kommen.

Oberfläche: Die Navigationsleiste am linken Rand ist variabler (Bild 1.3). In einigen Bereichen hält auch schon die neue Multifunktionsleiste Einzug.

Erweiterte Kalenderfunktion: Neu ist hier unter anderem die Wochenansicht.

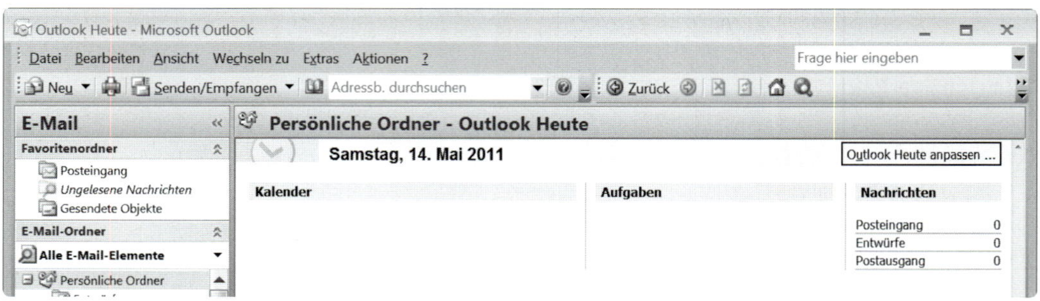

Bild 1.3 Outlook 2007: Menüleiste und Symbolleiste – mit Ansicht **Outlook Heute**

Aufgabenleiste am rechten Bildrand: Hier haben Sie nun Aufgaben, Termine, entsprechend markierte E-Mails und den Kalender auf einen Blick.

Suche: Die Suchfunktion wurde beschleunigt und funktioniert nun ordnerübergreifend.

Von **Version 2007 auf 2010** gab es wiederum einige sehr interessante Änderungen:

> TIPP
>
> Wenn Sie einen **Apple**-Computer mit **Mac OS** einsetzen, müssen Sie nicht auf Outlook verzichten. Seit **Office 2010 für Mac** gehört Outlook zum Paket. Obwohl es sich dabei um eine komplette Neuentwicklung handelt, weist es doch viele Ähnlichkeiten zur Windows-Version auf. Falls Sie von Windows in die „Apple-Welt" umziehen, können Sie Ihre Daten (PST-Datei) jetzt einfach mitnehmen.

Multifunktionsleiste/Menüband: Die Bedienung erfolgt in Outlook 2010 generell über ein Menüband (Ribbon), wie es in Word und Excel bereits seit der Version 2007 Standard ist. Das Menü ist „dynamisch", das heißt, die sichtbaren Menüeinträge und Symbolschaltflächen sind abhängig davon, was Sie in Outlook gerade machen (Bild 1.4). Für erfahrene Anwender ist das zunächst eine erhebliche Umstellung, weshalb das Menüband nicht bei allen Office-Anwendern begeistert aufgenommen wurde. Wahrscheinlich ist dies letztlich eine Frage des individuellen Geschmacks oder der Arbeitsweise. Die Autoren dieses Buches jedenfalls mochten die neue Oberfläche schon bald nicht mehr missen.

Getrennte Verwaltung verschiedener Mail-Konten: Die meisten Anwender ha-

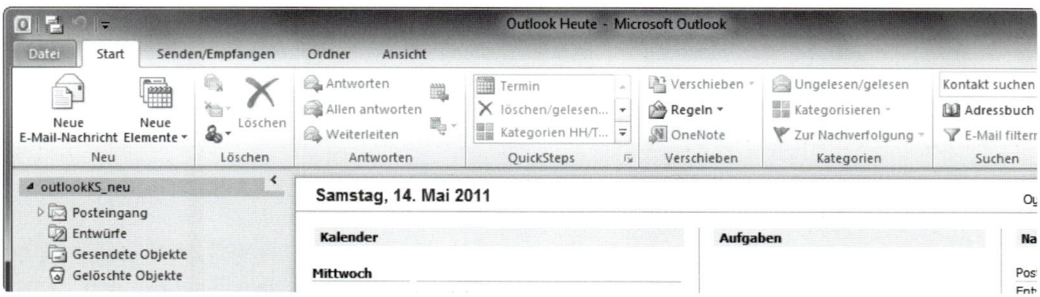

Bild 1.4 Outlook 2010: Menüleiste und Symbolleiste – mit Ansicht **Outlook Heute**

TIPP

Für Umsteiger von Outlook 2003 auf Outlook 2010 gibt es eine Hilfe von Microsoft in Form eines interaktiven Handbuchs. Es zeigt Ihnen, wo die gewohnten Menübefehle in der neuen Version zu finden sind (siehe URL-Box).

ben heute mehr als eine Mail-Adresse. Für die einzelnen Mail-Konten können nun getrennte Datendateien und Ordnerlisten eingerichtet werden. So können Sie beispielsweise einzelne E-Mail-Konten in Outlook mit einem Passwort schützen, wie im Kapitel 10 beschrieben.

Unterhaltungen: Eine Folge von Mails und daraus erzeugten Antwort-Mails wird in Outlook als „Unterhaltung" bezeichnet. Solche Unterhaltungen können nun zusammenhängend dargestellt werden. Eine „Aufräumen"-Funktion reduziert auf Wunsch die doppelten Inhalte (mehr im Kapitel 4).

Facebook & Co.: Statusänderungen auf Social-Media-Plattformen von den Kontakten, die Sie in Outlook angelegt haben, können Sie dort nun auch verfolgen (mehr im Kapitel 5).

QuickSteps: Wiederholte Schrittfolgen für einzelne Mails können Sie nun in einem QuickStep zusammenfassen und mit einem Mausklick ausführen. So können Sie beispielsweise eine Mail schnell als gelesen kennzeichnen, einer Kategorie zuordnen und gleichzeitig in einen anderen Ordner verschieben - mit einem Klick (dazu mehr im Kapitel 9).

(Selbst-)Organisation mit Outlook

Zur perfekten Organisation oder zum erfolgreichen Zeitmanagement gehört - neben Outlook - auch ein entsprechendes System. Sie können Outlook zwar selbstverständlich auch ganz unsystematisch einsetzen und die eingebauten Organisationshilfen nur „ein bisschen" nutzen. Das ist schon gut, aber es geht besser.
Zum Thema „Zeit- und Selbstmanagement" gibt es eine kaum überschaubare Vielzahl von Ratgebern auf dem Buchmarkt - einige davon haben seit Jahren Bestseller-Status. Der Bedarf und das Interesse scheinen also enorm zu sein. Wenn Sie sich mit Literatur zu diesem Thema befassen, werden Ihnen einige Namen und Ansätze immer wieder begegnen. Ein tiefschürfender Klassiker ist beispielsweise Stephen R. Coveys „Die 7 Wege zur Effektivität" (deutsche Übersetzung im Gabal-Verlag erschienen).

Hier eine kleine Auswahl bekannter Ansätze kurz vorgestellt:

Prioritäten setzen: Eisenhower-Methode/ABC-Analyse

Diese Methode geht auf den US-amerikanischen Präsidenten Dwight D. Eisenhower (1890 - 1969) zurück. Er fand einen einfachen, pragmatischen Ansatz, um einen Berg von Aufgaben, der vor einem liegt, in vier kleinere, überschaubare Hügelchen zu verwandeln. Diese Methode gehört zum Grundwerkzeug fast aller anderen Zeitmanagement-Methoden, und Sie werden ihr bei der Lektüre der einschlägigen Ratgeber immer wieder begegnen.
Die Methode lässt sich auf eine einzige Frage reduzieren, mit der Sie jede einzelne Aufgabe kurz prüfen: Ist sie wichtig und/oder dringend?
Die Sortierung Ihrer Aufgaben erfolgt also nur anhand der beiden Kriterien wichtig und dringend. Aus deren Kombination ergeben sich vier Kästchen, auf die Sie die Aufgaben verteilen:

Wichtig und dringend: Kategorie A. Diese Aufgaben sollten Sie sofort selbst erledigen.

Wichtig, aber nicht dringend: Kategorie B. Diese Aufgaben planen Sie für die Zukunft ein.

Nicht wichtig, aber dringend: Kategorie C. Wenn möglich, sollten Sie diese Aufgaben delegieren, anderenfalls nach den Aufgaben der Kategorien A und B in Angriff nehmen.

Weder wichtig noch dringend: Diese Aufgaben sollten Sie einfach löschen - es sind potenzielle Zeit- und Aufmerksamkeitsräuber.

Letztlich geht es also bei der Eisenhower-Methode schlicht darum, schnell die richtigen Prioritäten zu setzen. Einen ähnlichen Ansatz, aber mit variablen Kriterien, verfolgt die **ABC-Analyse**. Mit Outlook lassen sich sowohl Prioritätensetzung als auch Kategorisierung schnell und leicht realisieren. Das gilt für alle Outlook-Elemente: E-Mails, Aufgaben, Termine, Notizen. In den entsprechenden Kapiteln dieses Buches erfahren Sie jeweils, wie Sie mit Kategorien und Prioritäten arbeiten.

Getting Things Done (GTD)

Ein Klassiker der Zeitmanagement-Literatur ist David Allens „Wie ich Dinge geregelt kriege“, Originaltitel „Getting Things Done“. Allens Methode ist so erfolgreich, dass das aus dem Buchtitel gebildete Akronym „GTD“ mittlerweile als Oberbegriff für Selbstmanagement-Literatur wie auch für eine ganze Gattung von Software-Tools verwendet wird.

Bei GTD geht es darum, der täglichen Flut von Aufgaben und Informationen mit Gelassenheit und System zu begegnen und den Kopf freizuhalten für die eine Aufgabe, die jetzt erledigt werden soll. Zu diesem Zweck werden alle Aufgaben, Ideen, Gedankengänge oder Projekte systematisch in verschiedenen Listen organisiert. Mit dem Wissen, nichts Wesentliches zu übersehen und alle Aufgaben zu ihrer Zeit in Angriff zu nehmen, kann man dann seine ganze Aufmerksamkeit ohne Ballast dem einen, jeweils aktuellen Thema zuwenden.
Die Listen übernehmen die Funktion, eine Angelegenheit genau dann zuverlässig ins Gedächtnis zurückzubringen, wenn sie erledigt oder vorangetrieben werden kann – und nur dann!

Damit das funktioniert, müssen Sie sich darauf verlassen können, dass nichts Wichtiges in Vergessenheit gerät. Wie viele andere kann auch diese Methode nur erfolgreich sein, wenn sie konsequent und systematisch – also 100-prozentig – angewendet wird.
Die Arbeit mit Listen nach GTD umfasst fünf Schritte:

- Erfassen
- Durcharbeiten
- Ordnen
- Überprüfen
- Tun (Handeln)

Ein wichtiger Grundsatz beim Erfassen lautet: Erledigen Sie jede Aufgabe sofort, die weniger als zwei Minuten in Anspruch nimmt! Das kann also schon eine kurze (!) Antwort auf eine E-Mail sein, eine Terminbestätigung oder -absage oder ähnliches. Diese Dinge können und sollten Sie schon beim Erfassen sofort abhaken. So dämmen Sie „Listen-Wildwuchs“ ein.
David Allen beschränkt sich aber nicht auf die Listen-Technik, er kümmert sich auch um Aspekte wie Motivation und um praktische Fragen der Büro-Organisation bis hin zur sprichwörtlichen Büroklammer.
Outlook eignet sich hervorragend für die Umsetzung von GTD im Alltag – ob Sie es nun streng nach der „reinen Lehre“ praktizieren oder einfach systematisch mit Prioritäten, Kategorien und Aufgabenlisten arbeiten. In Outlook 2010 sind im Zusammenhang mit GTD vor allem folgende Funktionen interessant: Farbkategorien, benutzerdefinierte Ordner und Ordnergruppen, Quicksteps, Aufgabenlisten und Ansichten. Außerdem können Sie mit einem Klick ein Outlook-Element in einen anderen Typ umwandeln, also aus einer E-Mail einen Termin, aus einem Termin eine Aufgabe erzeugen etc. Diese Möglichkeiten sind in den entsprechenden Kapiteln in diesem Buch ausführlich erläutert.
Besonders elegant und ausbaufähig ist die Umsetzung des GTD-Systems mit der Kombination von Outlook und OneNote.

Mehr dazu sowie Hinweise auf ausführliche Informationen im Internet lesen Sie in Kapitel 8.

Simplify ...: Seiwert und andere

Mit „Simplify Your Life“ haben die Autoren Küstenmacher und Seiwert vor einigen Jahren einen Volltreffer und Dauer-Bestseller gelandet - die Vereinfachung und Reduzierung als Lebenskonzept hat damals bereits einen Zeitgeist-Nerv getroffen.

„Simplify“ ist längst zu einer Marke und breiten Produktpalette ausgebaut worden. Die Idee der Vereinfachung ist heute populärer denn je und hat viele Nachfolger gefunden.

Zum Einstieg in das Thema Zeitmanagement ist jedoch eine aktuelle Veröffentlichung von Lothar Seiwert besser geeignet, wie etwa „Simplify Your Time“ (Campus-Verlag 2010). Etwas fortgeschrittenen Outlook-Nutzern und Seiwert-Fans sei auch „Zeitmanagement mit Microsoft Office Outlook“ (Microsoft Press 2011) empfohlen.

Die praktischen Ratschläge von Seiwert gehen ins Detail und decken alle Lebensbereiche ab. Viele Ideen wie „Weniger ist besser“, „Kein Multi-Tasking!“, „Delegieren!“, „Nein sagen lernen!“ etc. finden sich in ähnlicher Weise auch bei anderen populären Ansätzen von Stephen R. Covey, David Allen, Leo Babauta („Zen To Done“) oder Timothy Ferris („Die 4-Stunden-Woche“) und vielen anderen.

In jedem Fall ist Outlook das richtige Werkzeug, da es Listen (To-do-Listen, Prioritätenlisten) und Terminkalender verwaltet. Wiederkehrende Termine/Terminserien (siehe Kapitel 5) helfen Ihnen auch dabei, Zeiträume regelmäßig für bestimmte Aufgaben- und Lebensbereiche freizuhalten.

Dies sind die Links zum Kapitel 1:

- http://office.microsoft.com/de-ch/buy/die-office-2010-suites-im-vergleich-FX101812900.aspx (Übersicht der Office-Suiten)
- www.windowslive.de/
- www.proginosko.com/leechblock.html
- http://getconcentrating.com/
- http://imgriff.com/serien/zen-to-done/
- www.pomodorotechnique.com/ndex.html
- www.seiwert.de
- www.davidco.com/ (David Allen)

Interaktives Handbuch für Umsteiger von 2003 auf 2010:

- www.microsoft.com/downloads/de-de/details.aspx?FamilyID=ab019240-50dc-4748-8e25-00c8e8a63969

URL

Outlook für Unordentliche

Vielleicht haben Sie wenig Lust oder Zeit, sich mit den komplexen theoretischen Abhandlungen zum Zeitmanagement zu befassen. Man kann durchaus der Meinung sein, wer die Disziplin aufbringe, die dort vorgestellten Methoden konsequent umzusetzen, habe eigentlich gar keinen echten Bedarf für Zeitmanagement-Techniken, oder, umgekehrt: Echte „Chaoten" würden niemals ein aufwendiges System aus Prioritätensetzungen, Listen, Kategorien etc. umsetzen. Doch auch und gerade für diesen Personenkreis kann Outlook sehr hilfreich sein. Zum einen können Sie dort die meisten Daten in einem einzelnen Programm ablegen, was die Sache vereinfacht, und zum anderen verfügt Outlook seit der Version 2007 über eine schnelle Suchfunktion über alle Elemente – denn für unordentliche PC-Nutzer gilt: Die Suchfunktion ist Dein Freund!

Fokus: Hilfe gegen Zeitfresser

Perfektionismus auf der einen und **Prokrastination (notorisches Aufschieben und Ablenken) auf der anderen Seite** gehören wohl zu den größten Gefahren für effizientes Zeitmanagement.

Gegen notorischen Perfektionismus hilft es, das **Pareto-Prinzip** (auch **80/20-Regel**) zu verinnerlichen. Es geht auf den italienischen Ökonom Vilfredo Pareto zurück, der 1897 herausfand, dass 80 Prozent des Vermögens im Besitz von 20 Prozent der Bevölkerung liegen. Er riet den Banken, sich vorrangig um diese 20 Prozent zu kümmern. Später zeigte sich, dass ein ähnliches Verhältnis von Aufwand und Nutzen in vielen Lebensbereichen zu finden ist. Es ist also eine Art Konstante, aus der sich der praxiserprobte Rat ableiten lässt: „Konzentriere Dich vorrangig auf die 80 Prozent Deiner Ziele/Aufgaben, die Du in 20 Prozent Deiner Zeit erreichen/bewältigen kannst". Umgekehrt formuliert: „Perfektionismus ist kostspielig!".

Bild 1.5 Der Original-Pomodoro-Timer

Die Neigung, unangenehme Aufgaben aufzuschieben und sich mit Unwichtigerem oder Angenehmerem abzulenken, kennt wohl jeder. Wenn dies allerdings zum zwanghaften Verhalten wird, schwächt es die Produktivität erheblich. Das dadurch entstehende „schlechte Gewissen" kann das Lebensgefühl und den Spaß an der Arbeit deutlich beeinträchtigen. Oft hilft hier schon ein einfacher Trick – der „25-Minuten-Trick" auch „Pomodoro-Technik" genannt. Er besteht darin, die Arbeitszeit ganz strikt in 25-Minuten-

Häppchen zu teilen, die jeweils mit einem klar definierten, kleinen Zwischenziel in Angriff genommen werden. Sind die 25 Minuten erfolgreich absolviert, gibt es – ebenfalls exakt bemessene – fünf Minuten Pause. Das funktioniert! Die Bezeichnung „Pomodoro“ geht auf italienische Küchenuhren in Tomatenform zurück. Auf der Website des Erfinders dieser Technik, Francesco Cirillo, können Sie sogar solche Original-Küchenuhren erwerben.

SPARTIPP

Gegen Online-Ablenkung: Wer am PC arbeitet, ist in der Regel permanent den vielfältigen Versuchungen von Nachrichtenseiten, Blogs, Foren, Shops, YouTube etc. ausgesetzt, nur einen Klick entfernt. Wer die nötige Selbstdisziplin nicht immer aufbringt, kann konfigurierbare Internet-Blocker zu Hilfe ziehen: Für den Mac gibt es beispielsweise **Concentrate**, für Firefox das Add-On **LeechBlock** (Links siehe URL-Box).

Eine Frage der Einstellung

Wenn Sie sich entschieden haben, Outlook als Ihrem persönlichem Sekretär eine Chance zu geben, gilt es nun, die individuellen Einstellungen vorzunehmen – vom Einrichten der Konten bis zur Einstellung der Optionen. Wie, das erfahren Sie im nächsten Kapitel.

WEB TAGS

GTD Office-Suiten Office-Key-Card Google-Dienste Home & Business Pareto Zeitmanagement ABC-Analyse Pomodoro-Technik

2 OUTLOOK GANZ PERSÖNLICH: EINRICHTEN UND ANPASSEN

Auf den folgenden Seiten geht es um die Einrichtung der E-Mail-Konten sowie die wichtigsten Grundeinstellungen. Wir halten uns kurz, weil viele technische Details in diesem Rahmen nicht erschöpfend dargestellt werden könnten. Zu vielfältig sind die unterschiedlichen Nutzungsszenarien von Outlook und deshalb liegt der thematische Schwerpunkt dieses Buches auf dem effizienten Einsatz von Outlook für organisatorische Aufgaben. Schließlich ist das Einrichten der Konten in der Regel nur einmalig oder manchmal gar nicht erforderlich, etwa auf Firmen-PCs, für die es einen verantwortlichen Administrator gibt. Falls also im Folgenden eine technische Frage offenbleibt, dann werden Sie im Internet schnell Antwort finden (siehe auch URL-Box) – darin liegt einer der Vorteile eines millionenfach eingesetzten Standardprogramms mit einer professionellen und kommunikativen Nutzergemeinde.

Konten einrichten

Beim ersten Start nach der Installation meldet sich automatisch der Start-Assistent von Outlook. Er bietet die Möglichkeit, eventuell vorhandene Kontodaten aus Outlook Express oder Windows Mail zu übernehmen. In diesem Fall wählen Sie eines oder alle gewünschten Konten aus.

Kennwort speichern

Die Kennwörter werden nicht automatisch importiert, können aber anschließend eingelesen werden. Wenn Sie das Kennwort für die Anmeldung beim Mail-Server später nicht nach jedem Outlook-Start wieder eingeben möchten, aktivieren Sie die Option **Kennwort speichern**. Das spart viel Zeit und ist nur dann nicht empfehlenswert, wenn Sie damit rechnen, dass unbefugte Dritte Zugang zu diesem Rechner haben, die das Mail-Konto missbrauchen könnten. Unabhängig von dieser Einstellung können Sie den Zugriff auf Outlook-Ordner bzw. -Datendateien mit einem Passwort schützen, wie weiter unten beschrieben.

Datenübernahme jederzeit

Falls Sie später noch Daten aus anderen oder weiteren Konten nach Outlook übernehmen möchten, steht dazu ein Assistent bereit (Bild 2.1). Wählen Sie **Datei > Öff-**

nen > **Importieren** (oder bei 2007: **Datei > Importieren/Exportieren**). Sie sehen nun den Import/Export-Assistenten, der in den folgenden Kapiteln noch mehrmals zur Sprache kommen wird. Falls Sie ein Windows-Live-Hotmail-Konto haben, das Sie mit Outlook verwalten und synchronisieren möchten, führt der Weg über den Office Outlook Hotmail Connector – dazu mehr im Kapitel 10. Schwieriger, aber nicht unmöglich, gestaltet sich oft die Datenübernahme aus E-Mail-Programmen oder PIMs, die nicht von Microsoft stammen, wie etwa Thunderbird. In diesem Fall müssen Kontakte und Mails separat übertragen werden, die Konten selbst richten Sie am besten in Outlook neu an, wie im Folgenden beschrieben. Zu fast allen Migrations-Szenarien finden Sie schnell detaillierte Anleitungen im Internet.

> **SPARTIPP**
> Ein Zusatzprogramm wie **MailStore**, das für private Anwender kostenlos nutzbar ist, hilft bei der Archivierung von Mails aus verschiedenen Programmen. Über die Restore-Funktion lässt es sich auch für die Datenübertragung nutzen.

Umso einfacher ist der Umstieg oder „Aufstieg“ auf eine neue Outlook-Version. Hier werden alle Daten und Einstellungen automatisch übernommen.

Ein E-Mail-Konto einrichten oder bearbeiten (POP3)

Zwei Arten von E-Mail-Konten sind gebräuchlich, genauer, zwei Protokolle oder Verfahren für die Kommunikation zwischen Ihrem E-Mail-Programm und dem E-Mail-Server Ihres Konto-Anbieters. Das ältere, doch noch gebräuchlichere heißt POP3. Anders als bei IMAP (dazu unten mehr) unterstützt praktisch jeder E-Mail-Anbieter und jedes E-Mail-Programm POP3. Der entscheidende Unterschied zu IMAP: Bei POP3 liegen die Mails nur solan-

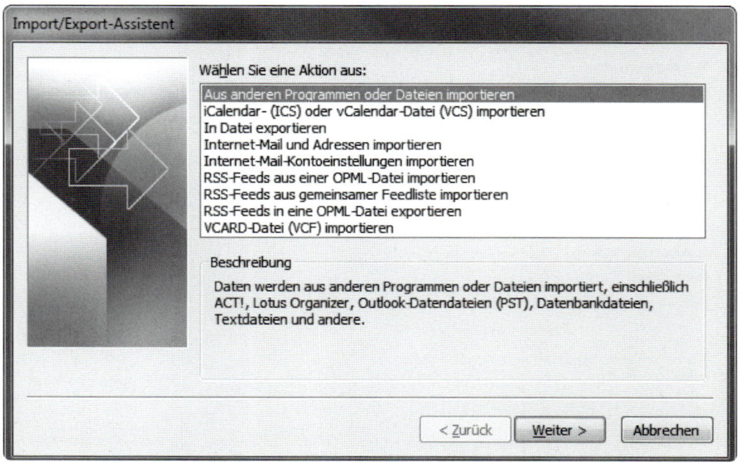

Bild 2.1 Der Import/Export-Assistent hilft bei der Migration

ge auf dem Server (in Ihrem Postfach beim Provider), bis Sie sie abholen.

1. Outlook 2010: Öffnen Sie die Registerkarte **Datei**, und klicken Sie auf die Schaltfläche **Kontoeinstellungen** und erneut auf **Kontoeinstellungen**. Outlook 2007: Wählen Sie **Extras > Kontoeinstellungen**.
2. Im Dialogfeld **Kontoeinstellungen** sehen Sie auf der Registerkarte **E-Mail** eine Liste Ihrer vorhandenen E-Mail-Konten. Um ein neues Konto anzulegen, klicken Sie auf **Neu...** Wenn Sie ein vorhandenes Konto bearbeiten möchten, markieren Sie es in der Liste, und klicken Sie dann auf **Ändern...** Die weiteren Schritte nur für die Neuanlage:
3. In den meisten Fällen wird die komfortable automatische Einrichtung erfolgreich sein. Dazu wählen Sie den Dienst **E-Mail-Konto** (Outlook 2007: **Microsoft Exchange, POP3, IMAP oder HTTP**) und klicken auf **Weiter**.
4. Im Dialog **Neues Konto hinzufügen** geben Sie den gewünschten Kontonamen ein. Das muss nicht Ihr Name sein, aber dieser Name wird dem Empfänger Ihrer Mails als Absender angezeigt. Wichtig sind die E-Mail-Adresse und das richtige Kennwort, das Sie zweimal eingeben müssen. In der Regel ist dies das Zugangskennwort, das Sie von Ihrem E-Mail-Provider erhalten haben. Klicken Sie schließlich auf **Weiter**.
5. Outlook versucht nun, die weiteren Kontoeinstellungen automatisch zu ermitteln. Gegebenfalls wird es Rückmeldungen geben, etwa zu einem fehlenden Zertifikat, die Sie bestätigen müssen. Gelingt die Anmeldung am Mail-Rechner, wird eine Testverbindung hergestellt und das Konto eingerichtet.

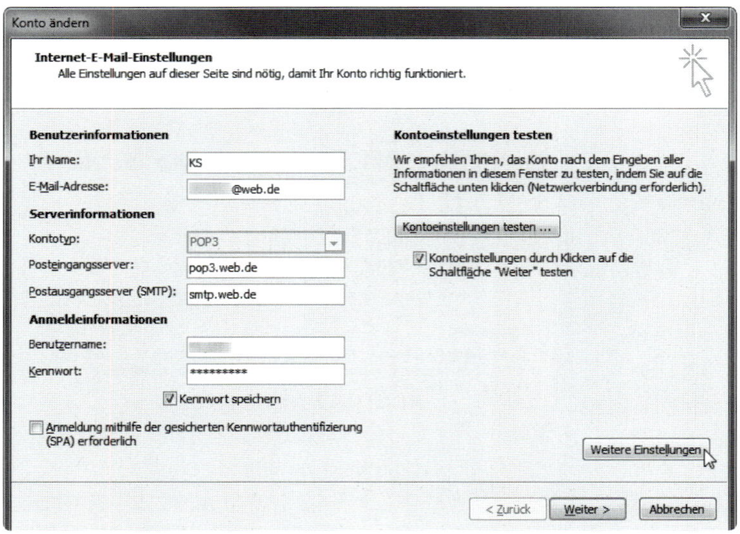

Bild 2.2 Kontoeinrichtung bei Outlook

Kontoeinstellungen

Wenn die automatische Einrichtung nicht gelingt oder später geändert werden soll – etwa bei einer Kennwortänderung, kommen Sie um manuelle Einstellungen nicht herum (Bild 2.2).

1. Gehen Sie zunächst so vor, wie im vorhergehenden Ablauf bis Schritt 3 beschrieben. Dort wählen Sie jedoch **Servereinstellungen ... manuell konfigurieren**, und klicken auf **Weiter**.
2. Wählen Sie den Dienst **Internet-E-Mail**, und klicken Sie auf **Weiter**.
3. Nun sehen Sie die **Kontoeinstellungen**:

Ihr Name, E-Mail-Adresse: Geben Sie hier wie oben Ihren Namen und die E-Mail-Adresse ein.

Kontotyp: Der Kontotyp ist, wie oben erwähnt, meistens POP3.

Posteingangsserver: Den Namen des Posteingangsservers erfahren Sie von Ihrem Provider. Er beginnt meistens mit „pop." oder „pop3." gefolgt von dem Teil Ihrer Mail-Adresse, der hinter dem @-Zeichen steht. Beispiele: pop3.live.com für ein Windows-Live-Konto, oder pop3.gmx.net für GMX, pop.gmail.com für ein Google-Konto, pop.1und1.de bei 1&1, pop.t-online.de für ein T-Online-Konto oder pop3.web.de für WEB.DE (für eine Online-Liste vieler POP3- und SMTP-Server siehe URL-Box).

Postausgangsserver: Auch diesen Namen erfahren Sie von Ihrem Anbieter. Er beginnt in der Regel mit „smtp." oder „mail.". Beispiele: smtp.live.com, mail.gmx.net, smtp.gmail.com, smtp.1und1.de, smtpmail.t-online.de oder smtp.web.de (siehe auch URL-Box).

Benutzername: Hier ist in der Regel Ihr Benutzername, mit dem Sie bei dem jeweiligen E-Mail-Dienst angemeldet sind, oder Ihre E-Mail-Adresse einzugeben. Auch diese Einstellung ist Anbieter-spezifisch.

Kennwort, Kennwort speichern: Geben Sie hier das Zugangskennwort für Ihr Postfach bzw. das Anmeldekennwort bei dem Internet-Mail-Dienst ein. In den meisten Fällen können Sie das Kennwort getrost speichern (siehe oben, Abschnitt „Kennwort speichern").

Kontoeinstellungen testen...: Über diese Schaltfläche können Sie ausprobieren, ob Ihr Konto mit diesen Einstellungen nutzbar ist.

Der Postausgangsserver (SMTP) erfordert Authentifizierung: In vielen Fällen muss diese Option aktiviert werden, etwa bei Konten von 1&1, Google, Strato, WEB.DE und anderen. Klicken Sie dazu auf die Schaltfläche **Weitere Einstellungen**, und wählen Sie die Registerkarte **Postausgangsserver**. Aktivieren Sie diese Option. Meistens müssen die „gleichen Einstellungen wie für den Posteingangsserver" verwendet werden. Die übrigen weiteren Einstellungen in diesem Dialogfeld müssen normalerweise nicht geändert werden, schließen Sie es also einfach mit **OK**.

Klicken Sie nun noch auf **Weiter**, um die Kontoeinrichtung abzuschließen. Es wird eine Test-Mail gesendet. Bestätigen Sie noch die Meldungen, und Ihr Konto steht in Outlook bereit. Sollte dies nicht der Fall sein, finden Sie in der Regel über die Homepage Ihres E-Mail-Providers detaillierte Hinweise zur Kontoeinrichtung in Outlook.

Über die Schaltfläche **Ordner wechseln** im Dialog **Kontoeinstellungen** können Sie den Speicherort ändern, an dem für das markierte Konto die Daten gespeichert werden. Lesen Sie dazu mehr im Kapitel 10.

Fokus: IMAP – Mails online

Der entscheidende Unterschied zwischen dem oben genannten POP3- und dem IMAP-Verfahren (genauer: „Protokoll") liegt darin, dass beim IMAP-Protokoll die E-Mails auf dem Mail-Server verbleiben können. Sie verwalten also, wenn Sie möchten, Ihre gesamte E-Mail-Korrespondenz online auf dem Server Ihres E-Mail-Dienst-Anbieters. Das ist unabhängig davon, ob Sie Ihre E-Mails zusätzlich auch lokal, zum Beispiel mit Outlook, speichern und verwalten. Während die Funktionen von POP3 sich im Wesentlichen auf das Abholen der Mails beschränken, bietet das neuere und leistungsfähigere IMAP-Protokoll unter anderem Funktionen zur Verwaltung Ihrer Mails in Ordnern.

Gerade unter dem Aspekt der Organisation bietet IMAP deutliche Vorteile: Sie können gezielt auswählen, welche Mails Sie abholen, Sie können auf Ihre Mails beliebig oft von verschiedenen PCs, Smartphones und anderen Geräten oder auch von verschiedenen Benutzerkonten aus zugreifen. Außerdem ist ein Wechsel zu einem anderen IMAP-fähigen E-Mail-Programm ohne Datenübernahme möglich. Auch Ordner können per IMAP verwaltet werden. Die Erweiterung IMAP IDLE ermöglicht schließlich das sogenannte „Push-Verfahren“. Dabei wird beim Eingang einer neuen Mail vom Mail-Server sofort eine Nachricht an den Empfänger (E-Mail-Client) gesendet, das regelmäßige Nachschauen im Postfach wird damit überflüssig.

Wenn Ihr E-Mail-Anbieter IMAP unterstützt (Bild 2.3), spricht also vieles dafür, diese Möglichkeit zu nutzen. Auf der anderen Seite setzen alle Dienste, die Anwenderdaten im Netz speichern (Stichwort: „Cloud“), voraus, dass Sie Vertrauen in den Datenschutz und die Datensicherheit des Anbieters haben, auf dessen Servern Ihre Daten lagern.

Wenn Sie sich für IMAP entscheiden, sollten Sie jedoch die Zugriffsverfahren nicht „mischen“, greifen Sie also nur per POP3 **oder** per IMAP auf Ihr Konto zu. Sie können jedoch ein bestehendes POP3-Konto auf IMAP „umstellen“.

IMAP wird von vielen Anbietern unterstützt, darunter T-Online und Google, aber noch nicht von allen. Ihr E-Mail-Anbieter gibt Auskunft. Wie Sie Mails über IMAP senden, empfangen und verwalten, lesen Sie in den Kapiteln 3 und 4.

Ein IMAP-Konto einrichten

Und so richten Sie ein IMAP-Konto in Outlook ein:

1. Für die Neuanlage oder Änderung eines vorhandenen Kontos gehen Sie zunächst so vor, wie oben für POP3-Konten beschrieben.
2. In den **Kontoeinstellungen** wählen Sie im Unterschied zu POP3 den **Kontotyp IMAP**. Geben Sie als **Posteingangsserver** den IMAP-Server Ihres Providers an.
3. Die weiteren Angaben entsprechen denen eines POP3-Kontos (siehe oben).
4. Für IMAP-Konten können Sie festlegen, ob die von Ihnen gesendeten und gelöschten Mails auf dem Mail-Server gespeichert werden und, wenn ja, in welchen Ordnern. Klicken Sie dazu im

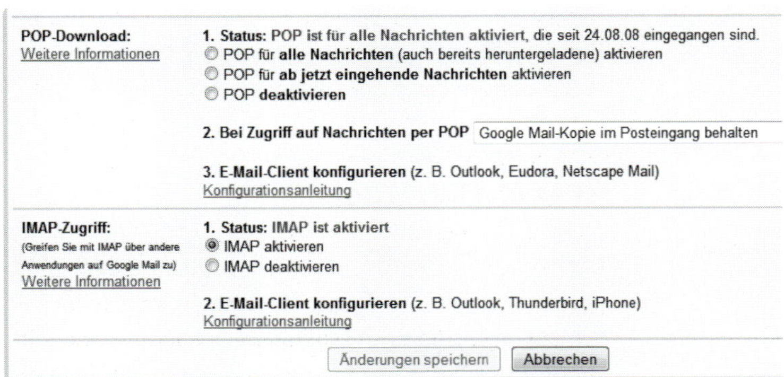

Bild 2.3 Viele Mail-Provider – hier Google – bieten POP3 und/oder IMAP-Optionen

Dialog **Konto ändern** auf die Schaltfläche **Weitere Einstellungen**. Hier öffnen Sie die Registerkarten **Gesendete Elemente** und **Gelöschte Elemente** und wählen jeweils die gewünschten Optionen aus. Über die Schaltfläche **Neuer Ordner** können Sie zusätzliche Ordner in Ihrem IMAP-Postfach anlegen. Diese Einstellungen sind auch später jederzeit änderbar.

5. Speichern und schließen Sie die Dialoge mit **OK** bzw. **Weiter**.

Fokus: Exchange Server

Viele Unternehmen setzen für die zentrale, unternehmensweite Verwaltung von E-Mails, Adressen, Terminen, Aufgaben und Dokumenten den **Microsoft Exchange Server** ein. Als Front-End-Anwendung, sprich, auf dem Büro-PC am Arbeitsplatz, wird dazu in der Regel Outlook genutzt. Um das Netzwerk, den Exchange Server sowie die Einrichtung der entsprechenden Outlook-Konten kümmert sich dann üblicherweise ein Administrator, deshalb gehen wir hier nicht näher auf die Besonderheiten dieser Konstellation ein. Wenn Sie Outlook nun auch zu Hause oder unterwegs nutzen, wäre es interessant, wenn Sie von dort auch auf Ihre Exchange-Server-Daten im Firmennetzwerk zugreifen könnten. Technisch ist das möglich. Sie benötigen dazu den Benutzernamen, das Passwort und die Adresse (URL) des Exchange Servers bzw. des **VPN** (Virtual Private Network), sofern Ihr Unternehmen ein solches „Netz im Netz" einsetzt.

Mit diesen Daten richten Sie auf Ihrem Heim-PC ein neues Konto ein: Beenden Sie Outlook. Wählen Sie dann in der Windows-Systemsteuerung (**Start > Systemsteuerung**) **E-Mail** und dann **E-Mail-Konten...**. Den Dialog **Kontoeinstellungen** kennen Sie schon. Hier richten Sie das neue Konto über die Option **Servereinstellungen oder zusätzliche Servertypen manuell konfigurieren ein**. Wählen Sie den Dienst **Microsoft Exchange ...**, und geben Sie die in den folgenden Dialogen gefragten Zugangsdaten ein.

Outlook-Optionen

Nachdem nun Outlook installiert und das E-Mail-Konto eingerichtet ist, wird es Zeit für einen ersten Rundgang. Wir bleiben jedoch zunächst „hinter den Kulissen", nämlich bei den vielfältigen Programm-Optionen. Die wichtigsten stellen wir im Folgenden kurz vor, im Detail werden einige davon in den folgenden Kapiteln noch zur Sprache kommen.

Sie brauchen sich keinesfalls alle Optionen einzuprägen, doch es ist später gut zu wissen, wo Sie die Stellschrauben finden, um Ihr Outlook noch besser auf Ihre Bedürfnisse abzustimmen. Mit der Version 2010 sind einige Optionen hinzugekommen und der gesamte sogenannte „Backstage"-Bereich ist wesentlich übersichtlicher strukturiert. Im Folgenden ist bei den Optionen jeweils in Klammern angegeben, wo diese bei Outlook 2007 zu finden ist.
Und so öffnen Sie die Optionen:

APROPOS

Für den externen Zugriff auf Daten eines Exchange Servers wird zunehmend eine andere Web-basierte Lösung eingesetzt: **Outlook Web Access**, kurz OWA. **OWA** „läuft" wie eine Website im Internet Explorer, hat aber in der Funktionalität und Bedienung viel mit Outlook gemeinsam.

1. Wählen Sie **Datei > Optionen** (Outlook 2007: **Extras > Optionen**).
2. Im Dialog **Outlook-Optionen** wählen Sie links in der Liste den gewünschten Optionsbereich und sehen dann rechts jeweils die Einstellungen für den gewählten Bereich. Einige Bereiche sind so umfangreich, dass Sie über die Bildlaufleiste nach unten scrollen müssen, um alle Optionen zu sehen. Detaillierte Einstellungen verbergen sich häufig hinter Schaltflächen mit drei Pünktchen wie zum Beispiel **Schriftart...**. (Outlook 2007: Hier sind die Optionen auf Registerkarten verteilt).

Am besten schauen Sie sich einfach einmal um. Viele Optionsbezeichnungen sind selbsterklärend oder werden erläutert, wenn Sie den Mauszeiger darüber positionieren. Wenn Sie Outlook neu kennenlernen, werden Ihnen einige Begriffe nichts sagen - die können Sie getrost ignorieren bzw. in der Standard-Einstellung belassen. Beachten Sie, dass einige Optionen nicht nur Outlook, sondern alle installierten Office-Programme betreffen.

Die Optionen kurz vorgestellt

An dieser Stelle einige Hinweise auf ausgewählte Optionen (Bild 2.4):

Allgemein: Für den Einstieg sind die vorgegebenen Standard-Einstellungen optimal. Geschmackssache ist allerdings das **Farbschema** (Outlook 2007: **E-Mail-Format > Editor-Optionen...**). Um die drei Farbvarianten auszuprobieren, müssen Sie jeweils mit **OK** bestätigen und dann erneut die Optionen öffnen. Bei den Startoptionen sollte **Outlook**

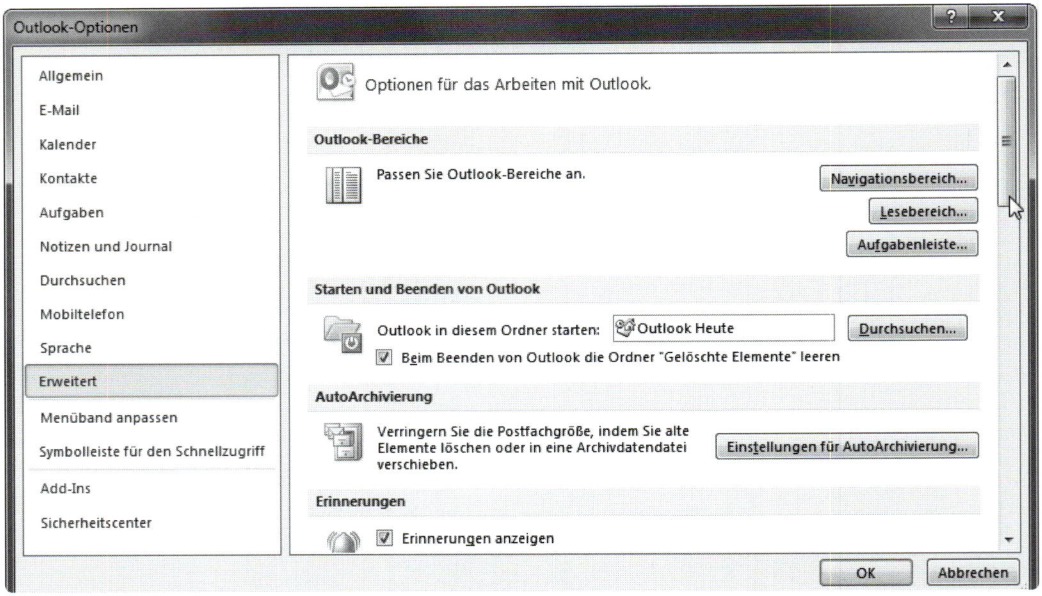

Bild 2.4 Übersichtlich gegliederte Optionen in Outlook 2010

als Standardprogramm eingestellt sein, sodass E-Mails, Termine und Kontakte aus anderen Programmen automatisch in Outlook geöffnet werden, zum Beispiel beim Klick auf einen E-Mail-Link im Internet (Outlook 2007: **Weitere**).

E-Mail: Die wichtigsten Optionen aus diesem umfangreichen Bereich werden in den Kapiteln 3 und 4 angesprochen. Aber wenn Sie schon einmal hier sind, entscheiden Sie sich im Abschnitt **Nachrichteneingang**, ob und wie Sie auf neue Nachrichten aufmerksam gemacht werden möchten. Doch Vorsicht: Dauernde E-Mail-Benachrichtigungen können Sie leicht aus der Konzentration reißen – wie Telefongespräche oder SMS (Outlook 2007: **Einstellungen > E-Mail-Optionen > Erweiterte E-Mail-Optionen**).

Kalender: Eine wichtige Grundeinstellung ist hier die **Zeitzone**. Die Einstellung wird vom Betriebssystem übernommen. Für Deutschland lautet sie in der Regel „(UTC + 01:00) Amsterdam, Berlin, ...“ (Outlook 2007: **Einstellungen > Kalenderoptionen > Zeitzone**).

Kontakte, Aufgaben, Notizen und Journal: Zu Kontakten lesen Sie mehr im Kapitel 5 (Outlook 2007: **Einstellungen > Kontaktoptionen...**). Die Aufgaben-Funktionen werden in Kapitel 7 vorgestellt (Outlook 2007: **Einstellungen > Aufgabenoptionen...**), Notizen-Funktion in Kapitel 8 (Outlook 2007: **Einstellungen > Notizenoptionen...**).

Durchsuchen: Die Suchfunktion wird mit wachsendem Umfang Ihrer Outlook-Daten immer wichtiger. Hier nutzt Outlook 2010 die mächtige Windows-Suche, die alle Outlook-Ordner indiziert, die Sie über **Indizierungsoptionen...** ausgewählt haben. Sie können das zunächst ignorieren, sollten aber später darauf zurückkommen (Outlook 2007: **Einstellungen > Suchoptionen...**).

Mobiltelefon: Voraussetzung für die hier einstellbaren Funktionen ist ein SMS-Konto bei einem Mobilfunkanbieter, das in Outlook eingerichtet ist (Outlook 2007: **Einstellungen > Mobiltelefonoptionen...**). Zum Einrichten eines solchen Kontos gehen Sie so vor, wie oben in diesem Kapitel beschrieben, jedoch wählen Sie anstelle des Dienstes **E-Mail-Konto** den Dienst **Textnachrichten (SMS)**. Mehr dazu im Kapitel 10.

Sprache: Dies sind wichtige Grundeinstellungen, die Sie am besten gleich prüfen. Legen Sie hier die Sprache für Rechtschreibprüfung, Sortierung und andere textbezogene Funktionen fest. Sie können weitere Sprachen über die Auswahlliste hinzufügen, markieren und dann mit der Schaltfläche **Als Standard festlegen** zur Standardsprache machen. Diese Einstellung kann später jederzeit geändert werden (Outlook 2007: **Rechtschreibung > Rechtschreibung und AutoKorrektur... > Dokumentprüfung**).

Erweitert: Die meisten dieser bunt gemischten Optionen können Sie anfangs ignorieren. Interessant ist aber der Abschnitt **Outlook-Bereiche:**

Outlook-Bereiche

Das Outlook-Hauptfenster besteht in der Regel aus drei oder vier Bereichen unterhalb des Menübandes. Im **Navigationsbereich** am linken Rand wählen Sie die Funktionen aus, zum Beispiel **E-Mail, Kalender oder Aufgaben**. In der Mitte wird die aktuelle Datenansicht gezeigt, also beispielsweise die E-Mails Ihres Posteingangs-Ordners. Für E-Mails kann ein **Lesebereich** angezeigt werden, der den Inhalt der Mail in einer Vorschau zeigt (siehe Kapitel 4). Am rechten Rand kann die **Aufgabenleiste** mit Kalenderübersicht, Termin- und Aufgabenliste eingeblendet werden (Kapitel 7). Welche dieser Bereiche tatsächlich angezeigt werden, steuern Sie über das Menü

> **SPARTIPP**
>
> Überlegen Sie ab und zu, welche Outlook-Befehle Sie besonders häufig nutzen. Legen Sie diese in die **Schnellzugriffleiste**, wie beschrieben. Wenn Sie den Schnellzugriff häufig nutzen, sparen Sie mit der Option **... unter dem Menüband anzeigen** noch einmal lange Mauswege und damit Zeit!

Ansicht, Abschnitt **Layout**. Die Bereiche selber lassen sich hier in den Optionen konfigurieren (Outlook 2007: **Weitere**).

Das Menüband anpassen

Die Optionen zur Anpassung des Menübands (Bild 2.5) sind besonders wichtig und vielseitig. Das Menüband löst seit Version 2010 auch in Outlook die guten alten Symbolleisten ab. Für „alte Office-Hasen" eine gewöhnungsbedürftige Umstellung, die sich nach unserer Erfahrung jedoch lohnt: Die Bedienung des Programms ist viel intuitiver und effizienter. Das Menüband besteht aus einer Menü- oder Registerkartenleiste, über die Sie jeweils ein „Band" mit den Menübefehlen und Symbolschaltflächen öffnen. Die Menübänder selbst sind noch einmal thematisch gruppiert. Die Gruppenbezeichnung steht jeweils unterhalb der Schaltflächen. Auf der Registerkarte **Start** finden Sie beispielsweise die Gruppen **Neu**, **Löschen**, **Antworten** etc.

Die wichtigste Eigenschaft des Menübandes ist, dass es je nach Kontext automatisch die passenden Optionen und Funktionen einblendet – es ist also „dynamisch". Ein Beispiel: Sie fügen in eine E-Mail ein Foto ein. Wenn Sie das Foto markieren, wird automatisch das Menüband **Format** mit den Bild-Tools aktiviert. Klicken Sie dann wieder in den Mail-Text, sehen Sie wieder die Optionen zur Textformatierung.

Doch so dynamisch und flexibel das Menüband auch ist, viele Nutzer möchten es irgendwann nach ihren Vorlieben anpassen. Das ist bis in kleine Details möglich. Es empfiehlt sich allerdings insbesondere für erfahrene Nutzer, die ungefähr wissen, welche Funktionen und Optionen sie überhaupt brauchen. Sie können dann die Menübänder von allem unnötigen Ballast befreien und mit der so gewonnenen Übersichtlichkeit noch effizienter arbeiten. Sie können das ohne Risiko einmal ausprobieren, denn die Anpassungen lassen sich jederzeit in den Ausgangszustand zurücksetzen. So schalten Sie beispielsweise in der Kalender-Anzeige die Optionen für die Freigabe aus:

1. Wählen Sie **Datei > Optionen > Menüband anpassen** (Outlook 2007: **Extras > Anpassen**).
2. Klicken Sie in der rechten Liste der **Hauptregisterkarten** auf das Pluszeichen vor **Start** (Kalender) und dann auf den Unterpunkt **Freigeben**.

3. Klicken Sie auf die Schaltfläche **Entfernen**.

Und so stellen Sie den Ausgangszustand wieder her:

1. Wählen Sie **Datei** > **Optionen** > **Menüband anpassen**.
2. Klicken Sie rechts unten auf die Schaltfläche **Zurücksetzen**, und wählen Sie aus, ob nur die Änderungen der gerade in der Liste markierten Registerkarten oder alle Änderungen rückgängig gemacht werden sollen.
3. Bestätigen Sie die Bildschirmmeldung.

Die Schnellzugriff-Leiste anpassen

Die Schnellzugriff-Leiste versteckt sich in der linken, oberen Ecke des Outlook-Fensters. Sie bietet über ihre winzigen Symbolschaltflächen einen direkten (Maus-)Zugriff auf allgemeine Programmfunktionen.

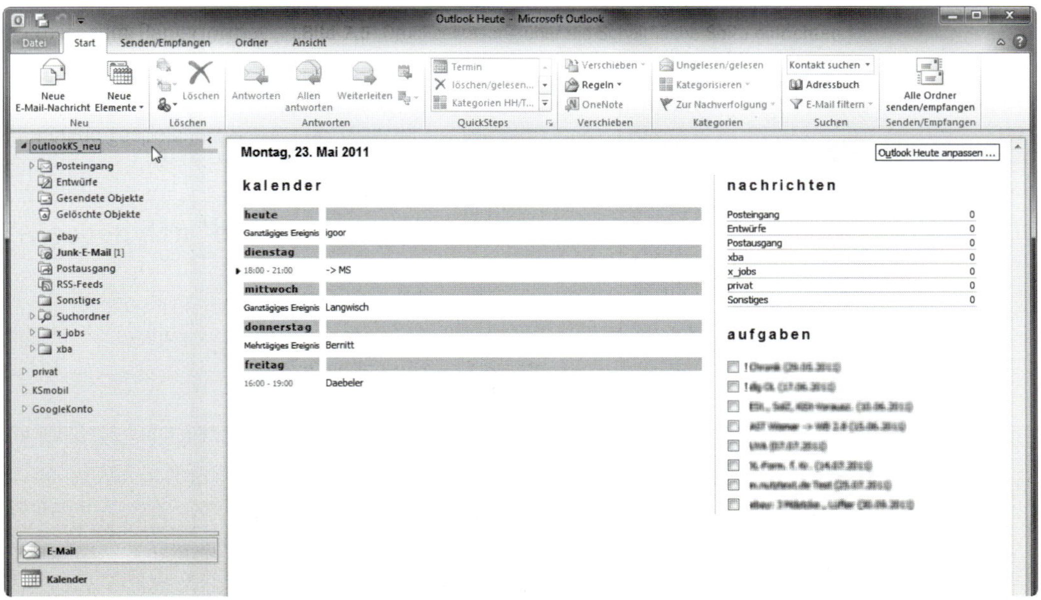

Bild 2.5 Outlook-Bildschirm mit Menüband (oben), Navigationsleiste (links) und **Outlook Heute** (rechts)

Standardmäßig sind nur **Alle Ordner senden/empfangen** und **Rückgängig** vorgesehen. Daneben findet sich ein kleiner Abwärtspfeil, über den Sie schnell weitere Schnellzugriff-Optionen aktivieren können. Im Prinzip kann aber fast jeder Outlook-Befehl hier hinzugefügt werden:

1. Wählen Sie in der Auswahlliste **Weitere Befehle...** oder in den Optionen den Bereich **Symbolleiste für den Schnellzugriff**.
2. Im Listenfeld **Befehle auswählen** können Sie die Anzeige der verfügbaren Befehle für die darunterstehende Auswahlliste steuern.
3. Suchen und markieren Sie in der linken Auswahlliste den gewünschten Befehl, und klicken Sie auf **Hinzufügen**.
4. Die aktuell in der Schnellzugriffleiste vorhandenen Schaltflächen werden in der rechten Liste angezeigt. Markieren Sie einen Eintrag, und klicken Sie rechts auf eine der Schaltflächen **nach oben/nach unten**, um die Reihenfolge zu ändern.
5. Über die Schaltfläche **Zurücksetzen** kann die Schnellzugriff-Leiste in den Ausgangszustand zurückgesetzt werden.

Die Startseite: Outlook Heute

Nun verlassen wir den Optionsbereich und wenden uns der ebenfalls individuell anpassbaren „Startseite" von Outlook zu. Diese Seite heißt „Outlook Heute" (Bild 2.5). Sie wird angezeigt, wenn Sie auf den obersten Eintrag links in der Navigationsleiste klicken. Dieser Eintrag lautet so wie der Name der Outlook-Datendatei Ihres Standard-Mail-Kontos. Wenn genau dieser Eintrag in den Outlook-Optionen, Bereich **Erweitert**, Abschnitt **Starten und Beenden von Outlook**, im Feld **Outlook in diesem Ordner starten** angegeben ist, wird „Outlook Heute" beim Programmstart angezeigt. Auch über die Anpassung der Seite können Sie diese als Startseite festlegen. „Outlook Heute" bietet auf einen Blick die wichtigs-

URL

Dies sind die Links zu diesem Kapitel:
- http://technet.microsoft.com/de-DE/office/gg513879.aspx
- http://www.mailstore.com/de/mailstore-home.aspx
- http://www.patshaping.de/hilfen_ta/pop3_smtp.htm (POP3- und IMAP-Server

ten „tagesaktuellen" Informationen: Welche Termine stehen heute und in den nächsten Tagen an, welche Aufgaben sind fällig, und in welchen Ordnern gibt es ungelesene Mails? Alle Angaben sind „verlinkt", das heißt, Sie wechseln mit einem Mausklick darauf direkt in den betreffenden Mail-Ordner, die Aufgabe oder den Termin. Ob Sie diese Startübersicht brauchen, ist wieder eine individuelle „Geschmacksfrage". Sie ist zwar übersichtlich - doch wenn Sie ohnehin jedesmal in den Posteingangsordner wechseln und am rechten Bildrand die Aufgabenleiste aktivieren (siehe Kapitel 7), dann haben Sie noch weitere Daten im Blick.

Outlook Heute anpassen

Sie können die Übersichtsseite nach Ihren Wünschen konfigurieren. Dazu gehen Sie so vor:

1. Öffnen Sie die Startseite. Klicken Sie rechts oben auf den **Outlook Heute anpassen...**.
2. Geben Sie an, ob Outlook Heute als Startseite dienen soll.
3. Klicken Sie im Abschnitt **Nachrichten** auf **Ordner** wählen. Setzen Sie ein Häkchen vor die Ordner, die in Outlook Heute mit der Anzahl der ungelesenen Nachrichten angezeigt werden sollen. Geben Sie die Anzahl der Terminvorschau-Tage im Bereich **Kalender** an, und konfigurieren Sie die Aufgabenanzeige und -sortierung.
4. Wählen Sie schließlich im Abschnitt **Formate** eines der fünf Layouts für Outlook Heute aus. Eine Miniatur-Vorschau wird jeweils angezeigt.

Outlook ist bereit

Wenn Outlook Ihr neuer „Sektretär" ist, dann - um im Bild zu bleiben - haben Sie jetzt seinen Arbeitsplatz eingerichtet, er kann loslegen. Zu seinen wichtigsten Aufgaben gehört zweifellos die Korrespondenz, sprich: das Schreiben und Versenden von E-Mails. Wie das effizient und professionell geht, lesen Sie im folgenden Kapitel.

WEB TAGS

IMAP POP3 Textnachrichten Exchange Server Office Menüband Outlook Web Access Kontoeinstellungen importieren Outlook Datenübernahme

3 MEHR MAIL GEHT NICHT: NACHRICHTEN SCHREIBEN UND GESTALTEN

„Ein ganzes Kapitel über E-Mails, dabei ist das doch so einfach: Empfänger, Betreff, Text eingeben – senden, fertig!“ Wenn Sie dies denken, haben Sie natürlich recht, jedenfalls, soweit es um das Senden einfacher Textnachrichten geht. Und doch ist der Mail-Funktionsumfang von Outlook so groß, dass dieses Buch ihm sogar zwei Kapitel widmet. Auf den folgenden Seiten zeigen wir zunächst effiziente Abläufe aus der Sicht des Mail-Absenders: E-Mails schreiben und gestalten, Anhänge anfügen, Vorlagen nutzen, an mehrere Empfänger senden und vieles mehr. Im vierten Kapitel kommt dann die Rolle des E-Mail-Empfängers zur Sprache.

Die E-Mail ist inzwischen das wohl wichtigste schriftliche Kommunkiationsmittel – besonders im geschäftlichen Bereich. Deshalb besteht gerade hier ein sehr großes Potenzial für mehr Effizienz und bessere Wirksamkeit Ihrer elektronischen Kommunikation. Vermutlich nutzen selbst langjährige Outlook-Anwender in der Regel die Möglichkeiten bei Weitem nicht aus.

> **TIPP**
>
> Als Alternative zu einer grafisch gestalteten HTML-Nachricht – etwa einer Einladung – könnten Sie eine PDF-Datei mit Word erstellen und diese als Anlage einer Nur-Text-Mail senden. So sind Sie auf der sicheren Seite und haben sogar noch mehr Kontrolle über das Erscheinungsbild Ihrer Einladung.

Nur-Text, HTML oder RTF?

Welche Funktionen beim Schreiben und Gestalten einer E-Mail zur Verfügung stehen, hängt vor allem vom Format der E-Mail ab. Die beiden wichtigsten Mail-Formate sind „Nur-Text“ und „HTML“. Daneben bietet Outlook zwar auch noch „Rich-Text“ (auch „RTF“) an, doch das können und sollten Sie normalerweise ignorieren. Viele E-Mail-Programme können mit Rich-Text-Nachrichten nicht umgehen. Das Format kommt also nur infrage, wenn Sie sicher sind, dass alle Empfänger Outlook einsetzen – etwa für interne Mails im Unternehmensnetzwerk. Outlook kann zwar Rich-Text-Nachrichten an externe Empfänger automatisch in HTML umwandeln, doch dann können Sie besser gleich mit HTML arbeiten. Nur wenige, eher exotische Funktionen sind auf Rich-Text beschränkt, darunter etwa die **Abstimmungen** (siehe unten).

Nur-Text

Dies ist das Format der Wahl für geschäftliche Mails und immer dann, wenn Sie nicht sicher sein können, dass der Empfänger HTML-Mails empfangen kann. Eine Gestaltung des Mail-Inhalts mit Schriftgrößen, Farben, Bildern im Text und anderen grafischen Mitteln ist hier nicht möglich. Der Inhalt beschränkt sich also, wie der Name sagt, auf reinen Text. Dateianlagen wie PDFs, Bilder oder Visitenkarten können aber auch mit einer Nur-Text-Nachricht gesendet werden. Die Vorteile von „Nur-Text“: Die Mails sind **klein** (geringe Datenmenge; das kann eine Rolle spielen, wenn der Empfänger sie zum Beispiel auf einem Smartphone abruft), **sicher** (im Textinhalt können keine Viren transportiert werden, allerdings in der Anlage) und **seriös** (geschmacklich zweifelhafte Gestaltungen sind nicht möglich).

HTML

„HTML“ steht für „Hypertext Markup Language“ - das ist die „Beschreibungssprache“, die auch hinter den Seiten im World Wide Web steckt. Im Prinzip können Sie HMTL-Mails fast genauso aufwendig gestalten wie Webseiten: Mit Hintergrundbildern, Grafiken und Diagrammen, Schriftgrößen und -farben etc. Dem stehen allerdings einige Nachteile gegenüber: Zunächst einmal werden Mails mit vielen grafischen Elementen schnell umfangreich. Schwerwiegender sind jedoch Sicherheitsaspekte. Für den Leser sichtbar ist standardmäßig zunächst nur der mehr oder weniger hübsch gestaltete Text. Im Hintergrund, im HTML-Code, können sich jedoch auch potenziell gefährliche Skripte (ausführbare Befehlszeilen), „kaschierte“, auf fremde Seiten verweisende Web-Links oder unsichtbare grafische Elemente, die auf fremden Servern liegen, verbergen. Aus diesen Gründen hat mancher Anwender, insbesondere Unternehmen, den Empfang von HTML-Mails komplett deaktiviert - Ihre Mails kommen dann also entweder gar nicht an oder nur in Form einer Datei „winmail.dat“, die als Anlage einer leeren Mail erscheint. Kurz: Das HTML-Format kommt nur infrage, wenn Sie sicher sind, dass alle Empfänger einer Mail diese so anzeigen können und möchten, wie Sie sie gestaltet haben. Dann allerdings bietet Outlook eine Vielzahl interessanter Gestaltungsfunktionen, die wir in diesem Kapitel kurz vorstellen.

Standard-Mail-Format festlegen

Je nachdem, wie Sie Outlook schwerpunktmäßig einsetzen, sollten Sie Nur-Text oder das HTML-Format als Grundeinstellung vorgeben. Da Sie das Format unabhängig davon für einzelne Mails frei wählen können, empfiehlt sich als sichere Grundeinstellung „Nur-Text“:

1. Wählen Sie **Datei > Optionen** und dort den Bereich **E-Mail (Outlook 2007: Extras > Optionen > E-Mail-Format)**.
2. Im Abschnitt **Nachrichten verfassen** wählen Sie aus der Liste **Nachricht in diesem Format verfassen** das gewünschte Standardformat für neue Mails.

Format im Kontakt festlegen

An dieser Stelle greifen wir auf die Kontakt-Funktionen vor, die im Kapitel 5 zur Sprache kommen. Sie können das E-Mail-Format für einzelne Kontakte und sogar für Mail-Adressen eines Kontakts individuell festlegen, sodass eine neue Nachricht für diesen Empfänger zum Beispiel automatisch im HTML-Format gesendet wird:

1. Öffnen Sie den Outlook-Kontakt. Wählen Sie im Feld **E-Mail** die gewünschte E-Mail-Adresse aus.
2. Doppelklicken Sie auf diese E-Mail-Adresse. Nur Outlook 2010: Es werden nun weitere Optionen angezeigt. Klicken Sie auf das kleine Symbol mit dem abwärts weisenden Pfeil, und wählen Sie aus der Liste **Outlook-Eigenschaften** (Bild 3.1).
3. Im Dialogfeld **E-Mail-Eigenschaften** stellen Sie das gewünschte Format im Feld **Internetformat** ein. Für den **E-Mail-Typ SMTP** (normale Internet-Mail) werden **Outlook-Rich-Text-Mails** automatisch als HTML-Mails gesendet.

Effizient Mails schreiben

Zunächst einige Hinweise und Tipps zum Verfassen von Mails, die sowohl für „Nur-Text-“ als auch HTML-Nachrichten gelten.

Eine neue Mail

Es gibt diverse Wege, eine neue E-Mail zu schreiben.

In den meisten Fällen werden Sie im Navigationsbereich auf den Posteingang klicken oder „Outlook Heute“ öffnen, um dann mit einem Klick auf **Neue E-Mail-Nachricht** in der Menüleiste **Start** den E-Mail-Editor zu öffnen.

Ein anderer Weg führt über die Schaltflächen **Antworten, Allen Antworten** oder **Weiterleiten** im Anzeigefenster einer Mail, die Sie erhalten haben. Auch hier wird eine neue Nachricht angelegt, die erhaltene Mail ist bereits eingefügt, oberhalb davon geben Sie Ihre Antwort oder, bei einer Weiterleitung, Ihre Ergänzung ein. Der aus der ursprünglichen Nachricht übernommene Inhalt ist ebenfalls änderbar. Löschen Sie beispielsweise Text oder Bilder,

um den Umfang zu reduzieren. Auch die Empfänger-Adressen sind in diesem Fall bereits voreingestellt, können aber noch geändert oder ergänzt werden.
Ein dritter Weg zu einer neuen Mail beginnt in Word, Excel oder anderen Programmen, die eine solche E-Mail-Funktion bieten. Wenn Sie beispielsweise einen Brief in Word oder ein Diagramm in Excel erstellt haben, können Sie diese wie folgt direkt aus dem Office-Programm als Anlage einer neuen E-Mail senden:
Dazu wählen Sie in Word oder Excel 2010 **Datei > Speichern und Senden > Per E-Mail senden** (Bild 3.2). Klicken Sie nun noch auf das gewünschte Format der Anlage: Word- bzw. -Excel-Datei, Link auf freigegebenen Speicherort, PDF oder XPS (dies ist Microsofts Konkurrenzformat zu PDF). Auf Nummer sicher gehen Sie mit **PDF**. Es wird nun ebenfalls der Outlook-Editor mit einer neuen Nachricht geöffnet, Ihre Office-Datei ist bereits angefügt. Sie brauchen nur noch den Nachrichtentext und den Empfänger zu ergänzen.
Ein vierter Weg – wieder Outlook-intern – führt über die anderen Outlook-Elemente. So können Sie beispielsweise aus einem geöffneten Kontakt, einem Termin (als Einladung), einer Aufgabe oder Notiz (als Weiterleitung) mit einem

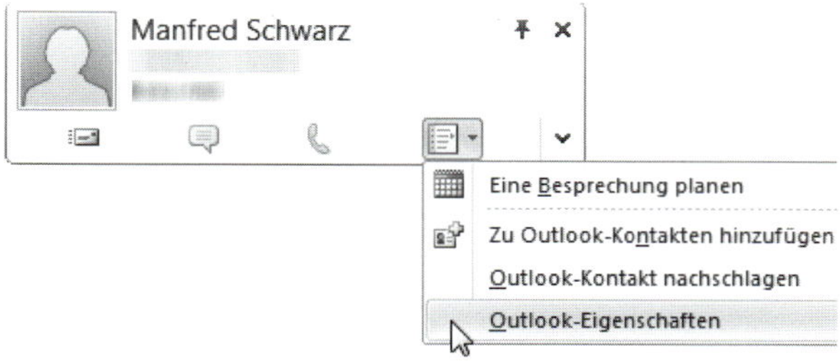

Bild 3.1 Kontakt: Mail-Format über Outlook-Eigenschaften festlegen

Klick eine E-Mail erzeugen (dazu mehr in den entsprechenden Kapiteln dieses Buches).
Ein fünfter Weg zur neuen E-Mail: Auf vielen Internetseiten finden sich im Impressum oder auf einer Kontaktseite E-Mail-Links. Wenn Outlook auf Ihrem PC als Standard-E-Mail-Programm eingestellt ist, dann öffnet ein Klick auf einen solchen Link den Outlook-Editor. Dasselbe gilt für E-Mail-Links aus anderen E-Mails.

Der Outlook-Editor: Verwendung und Optionen

Inhalte erfassen und bearbeiten Sie im-

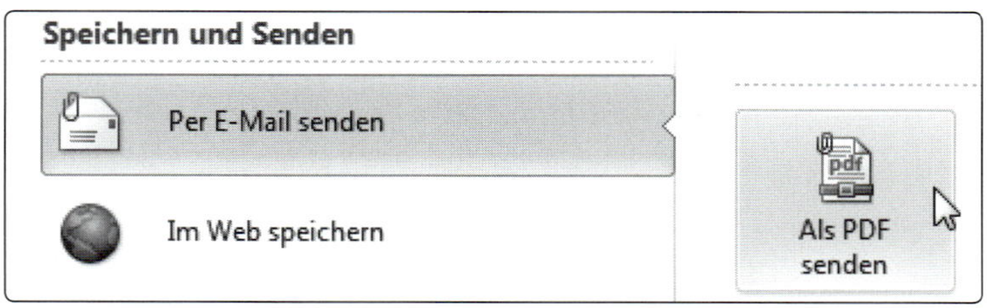

Bild 3.2 Word Datei-Menü: Dokument als PDF-Anlage einer Mail senden

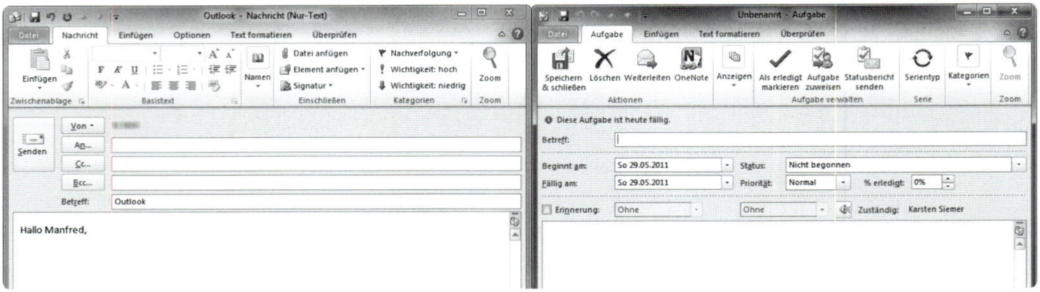

Bild 3.3 Der Outlook Editor: links für E-Mails, rechts für Aufgaben

mer im Outlook-Editor, ob es sich um eine E-Mail, eine Aufgabe oder einen Termin handelt. Das Menüband und die Kopffelder passen sich allerdings dem aktuellen Elementtyp an (Bild 3.3). Falls Sie bereits mit Microsoft Word gearbeitet haben, wird Ihnen der Outlook Editor vertraut vorkommen, denn er basiert auf denselben Programmbestandteilen.

Beim Bearbeiten von E-Mails finden Sie die wichtigsten Befehle auf der Registerkarte **Nachricht**. Der dortige Abschnitt **Basistext** enthält häufig genutzte Formatierungen, die Sie auch auf der Registerkarte **Text formatieren** wiederfinden. Diese sind jedoch für Nur-Text-Mails deaktiviert, das heißt, gegraut dargestellt. Auf der Registerkarte **Text formatieren** können Sie für die jeweils aktuelle Mail das Format ändern (Nur-Text/HTML).

Text tippen Sie wie gewohnt im Textfeld unten ein oder Sie fügen an der Schreibmarke gegebenenfalls vorher kopierten Text aus der Zwischenablage ein, indem Sie auf **Einfügen** klicken oder **Strg + V** drücken. Falls Sie vorher ein Bild oder eine Datei in die Zwischenablage kopiert haben, wird diese jedoch bei Nur-Text-Mails nicht in den Text, sondern als Anlage angefügt.

Sie können **vorhandene Outlook-Elemente** als Inhalte in die neue Nachricht einfügen, beispielsweise andere Mails, Aufgaben oder Termine. Klicken Sie dazu auf **Einfügen > Outlook-Element (Outlook 2007: Nachricht > Einschließen)**. In der Liste **Suchen in** wählen Sie den Ordner, in dem sich das gewünschte Element befindet, in der Liste **Elemente** markieren Sie es. Klicken Sie auf die Option **Einfügen als Nur Text** oder **Anlage** und bestätigen Sie mit **OK**.

Beginnen Sie am besten eine neue Mail immer mit der Eingabe des Betreffs, denn dieser wird sonst oft vergessen (siehe unten: Fokus: Mail-Knigge). Dasselbe gilt für Anlagen, die Sie mitsenden wollen. Die

Empfänger in den Feldern **An...**, **CC...** oder **Bcc...** sollten Sie dagegen erst zum Schluss einfügen – so verhindern Sie versehentliches Abschicken einer noch unfertigen Nachricht.
Mit den Grundfunktionen eines Text-Editors sind Sie vermutlich vertraut, sofern Sie etwas PC-Erfahrung besitzen. Eine Beschreibung würde ohnehin diesen Rahmen sprengen, zumal das Verhalten des Outlook-Editors in vielen Punkten individuell konfiguriert werden kann. Diese Editor-Optionen sollten Sie sich unbedingt einmal anschauen – dort findet sich häufig auch die Ursache für „unerwartetes“ oder „unerklärliches“ Verhalten des Programms:

1. Wählen Sie **Datei > Optionen > E-Mail**, und klicken Sie auf die Schaltfläche **Editoroptionen (Outlook 2007: Extras > Optionen > E-Mail-Format > Editor-Optionen)**.
2. Klicken Sie auf **Erweitert**. Schauen Sie sich einmal insbesondere die Einstellungen in den Abschnitten **Bearbeitungsoptionen** und **Ausschneiden, Kopieren und Einfügen** an. Die meisten Bezeichnungen sind aussagekräftig. Im Zweifelsfall belassen Sie es bei der Standard-Einstellung.

Sie können den Editor schließen, bevor Sie die Nachricht gesendet haben. In diesem Fall wird eine Meldung eingeblendet. Wenn Sie diese mit **Ja** bestätigen, wird der aktuelle Stand der Nachricht als Entwurf gespeichert. Ihre **Entwürfe** können Sie jederzeit aus dem gleichnamigen Mail-Ordner öffnen und vervollständigen oder löschen.

Schnellbausteine

Häufig wiederkehrende Textpassagen, von der einfachen Grußformel bis zur vollständigen Mail mit mehreren Textabsätzen, lassen sich als Schnellbausteine sehr effizient einfügen. So erstellen Sie einen Textbaustein:

1. Geben Sie den gesamten Text des Bausteins in eine neue Nachricht ein, und markieren Sie ihn.
2. Klicken Sie auf der Registerkarte **Einfügen** im Abschnitt **Text** auf **Schnellbausteine**. Wählen Sie ganz unten im Menü den Eintrag **Auswahl im Schnellbaustein-Katalog speichern**.
3. Geben Sie im Feld **Name** einen möglichst kurzen, aber eindeutigen und aussagekräftigen Namen für den Baustein ein. Wenn Sie viele Bausteine nutzen, können Sie

diese in Kategorien verwalten und mit Beschreibungen versehen. Wählen Sie im Feld **Optionen**, ob der Baustein im laufenden Text oder als eigener Absatz eingefügt werden soll.
4. Speichern Sie mit **OK**.

Ihre Schnellbausteine übernehmen Sie auf demselben Wege, also über **Einfügen > Schnellbausteine**, an die Position der Schreibmarke einer Nachricht. Noch schneller geht es aber so:

1. Klicken Sie an die Stelle der Mail, an der der Baustein eingefügt werden soll.
2. Geben Sie den Namen des Bausteins ein, und drücken Sie die Funktionstaste **F3**.

AutoKorrektur

Für Vielschreiber lohnt sich die Beschäftigung mit der automatischen Korrekturfunktion. Diese können Sie auch dazu nutzen, Kürzel wie zum Beispiel „mfg" oder „dlg" durch Langtext wie „Mit freundlichen Grüßen" oder „DIGITALlifeguide" ersetzen zu lassen und sich so viel Tipperei ersparen. Das ist zwar noch flotter als ein Schnellbaustein, eignet sich jedoch nur für wirklich eindeutige Buchstabenfolgen, die sonst nicht vorkommen – wegen der Automatik. Die meisten Menschen haben bestimmte Lieblings-Vertipper wie etwa Buchstabendreher oder Orthografie-Probleme mit bestimmten Worten. Solche Schönheitsfehler bügelt die Autokorrektur-Funktion elegant aus:

1. Die Autokorrektur-Optionen öffnen Sie über **Datei > Optionen > E-Mail > Rechtschreibung und AutoKorrektur > AutoKorrektur-Optionen (Outlook 2007: Extras > Optionen > Rechtschreibung)**.
2. Öffnen Sie die Registerkarte **AutoKorrektur**.
3. Aktivieren Sie **Während der Eingabe ersetzen**. Alle Standard-Ersetzungen sind in der Liste darunter alphabetisch aufgeführt.
4. Ergänzen Sie die Kurzform der Floskel oder die falsche (!) Schreibweise eines Wortes im Feld **Ersetzen:**. Geben Sie den Langtext bzw. die korrekte Schreibweise im Feld **Durch:** ein, und klicken Sie unten auf die Schaltfläche **Hinzufügen**.
5. In der Liste der Korrekturen können Sie vorhandene Autokorrekturen markieren und dann ändern oder löschen.
6. Bestätigen Sie die Änderungen mit **OK**.

Rechtschreibkorrektur und weitere Sprachfunktionen

Gute Rechtschreibung gehört zu den wichtigsten Punkten der Mail-Etikette (siehe unten). Wenn Sie sich auf diesem Gebiet nicht ganz sicher fühlen, ist das aber kein Problem, denn die Rechtschreibprüfung der Office-Anwendungen arbeitet ziemlich zuverlässig. Sie können schon während der Texteingabe Rechtschreibfehler und grammatische Fehler von Outlook kennzeichnen lassen (durch eine rote bzw. grüne Wellenlinie unter dem Wort). Dann genügt ein Rechtsklick auf das betreffende Wort, und Sie übernehmen aus dem Kontextmenü die richtige Schreibweise.

Bei der Grammatikprüfung ist die Erkennungsrate jedoch deutlich niedriger - darauf verlassen Sie sich besser nicht allzu sehr.

Wenn Sie die permanente Prüfung stört, machen Sie stattdessen einen kompletten Prüflauf: Öffnen Sie die Registerkarte **Überprüfen**, und klicken Sie auf **Rechtschreibung und Grammatik**. In dem nun eingeblendeten Dialogfeld können Sie die vorgeschlagenen Änderungen übernehmen, ignorieren oder das Wörterbuch um neue Begriffe erweitern, indem Sie auf **Zum Wörterbuch hinzufügen** klicken. Letzteres ist vor allem sinnvoll bei Fachtermini, Produkt- und Firmennamen, die Sie häufig verwenden und die nicht jedes Mal korrigiert werden sollen.

Ob und in welcher Form die Rechtschreibprüfung erfolgt sowie weitere Einstellungen dazu nehmen Sie in den Optionen vor: **Datei > Optionen > E-Mail > Editoroptionen > Dokumentprüfung.**

Eine weitere sehr hilfreiche Sprachfunktion ist der eingebaute **Thesaurus**. Dieses Synonymwörterbuch hilft Ihnen auf der Suche nach dem passendsten Wort und

TIPP

Für bestimmte Inhalte stehen zusätzliche Aktionen bereit. So aktivieren Sie beispielsweise die Umrechnung von Maßeinheiten (Bild 3.4): Wählen Sie **Datei > Optionen > E-Mail > Editoroptionen > Dokumentprüfung > AutoKorrektur-Optionen > Aktionen**. Setzen Sie das Häkchen vor **Maßeinheitenkonverter (XML)**, und bestätigen Sie mit **OK**. Markieren Sie eine Maßangabe im E-Mail-Text, drücken Sie die rechte Maustaste, und wählen Sie **Zusätzliche Aktionen**.

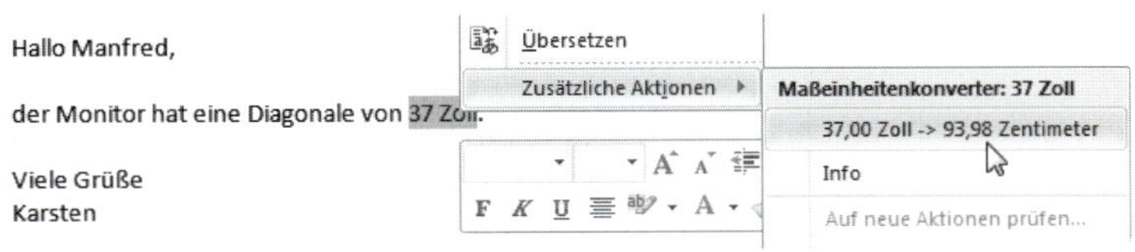

Bild 3.4 Zusätzliche Aktionen nutzen (siehe Tipp)

bei abwechslungsreichen Formulierungen. Dazu markieren Sie ein Wort im Text und klicken auf der Registerkarte **Überprüfen** auf **Thesaurus**. Rechts neben dem Editor wird nun der Bereich **Recherchieren** eingeblendet. Wenn Sie eines der dort vorgeschlagenen Worte markieren, erhalten Sie die Optionen, es einzufügen, nachzuschlagen oder in die Zwischenablage zu kopieren. Haben Sie weitere Sprachen installiert, dann können Sie Teile einer Mail markieren und per Kontextmenü dieser Sprache zuordnen. Ist für die Sprache ein bilinguales Wörterbuch vorhanden, etwa Englisch-Deutsch, dann brauchen Sie nur den Mauszeiger auf das Wort zu richten, um eine Übersetzung zu erhalten (Bild 3.5).

TIPP

Weitere Recherchefunktionen wie **Übersetzung**, **Wörterbuch** oder **Online-Recherche** finden Sie im Bereich **Recherchieren** im zweiten Feld von oben, wenn Sie auf die Pfeilschaltfläche klicken. Probieren Sie sie mal aus!

Bild 3.5 Sprachfunktion **Bilinguales Wörterbuch**

Hyperlinks und Textmarken

Hyperlinks funktionieren auch in Nur-Text-Mails, sofern das E-Mail-Programm des Empfängers diese Funktion unterstützt. Sie können eine Web-Adresse nach dem Schema www.xyz.de oder http://xyz.de oder eine E-Mail-Adresse wie abc@xyz.de eingeben, die automatisch als aktiver Link angezeigt wird. Testen Sie solche Links, indem Sie die **Strg**-Taste gedrückt halten, während Sie auf den Link klicken.

In (langen) HTML-Mails lassen sich auch Hyperlinks auf Textstellen innerhalb der Mail anlegen. Fügen Sie dazu zunächst an der gewünschten Zielposition eine Textmarke ein (**Einfügen > Textmarke > Textmarkenname**). Sie können danach über die **Hyperlink**-Schaltfläche einen Link zu **Aktuelles Dokument > Textmarke** setzen.

Fokus: Der Mail-Knigge

Neben den üblichen Standards im zwischenmenschlichen Umgang gibt es auch eine besondere E-Mail-Etikette. In der Korrespondenz mit Firmen, Behörden etc. ist diese natürlich besonders wichtig, doch auch im privaten Umfeld kann es nicht schaden, folgende Aspekte zu beachten:

- Geben Sie Ihren richtigen Namen als Absender im Von-Feld an (über **Kontoeinstellungen > Ihr Name**, siehe Kapitel 2).
- Verwenden Sie CC und BCC sparsam und umsichtig (siehe weiter hinten in diesem Kapitel).
- Geben Sie ein Betreff (Subject) ein, das kurz und aussagekräftig ist, beginnen Sie dabei mit dem wichtigsten Wort/Begriff, damit dieses auch in Mail-Übersichten mit schmalen Betreff-Spalten sichtbar ist.
- Beginnen Sie Mails mit einer Anrede, im Zweifelsfall so, wie es in einem „richtigen" Brief tun würden.
- Gliedern Sie den Inhalt durch Absätze und Leerzeilen. Fügen Sie jedoch **keine** manuellen Zeilenumbrüche ein (mit **Umschalt + Enter**), weil die Breite des Anzeigefensters beim Empfänger variiert!
- Verwenden Sie Signaturen mit Signaturtrenner (siehe unten). Verzichten Sie auf überflüssige Disclaimer.
- Achten Sie auf Rechtschreibung! Verwenden Sie keinen Internet-Slang, Smileys oder ungewöhnliche Abkürzungen.
- Großschreibung heißt SCHREIEN!
- Beschränken Sie sich Im Zweifelsfall auf das Nur-Text-Format (siehe oben).
- Verzichten Sie auf Empfangs- oder Lesebestätigungen.
- Setzen Sie in HTML-Mails Formatierungen und grafische Elemente sparsam und dezent ein.

APROPOS

„Wer was zu sagen hat, hat keine Eile. Er lässt sich Zeit und sagt's in einer Zeile."
(Erich Kästner)

- Weisen Sie im Text auf eventuelle Anlagen hin. Senden Sie im Zweifelsfall keine Anlagen ohne vorherige Absprache oder Ankündigung. Dies gilt besonders für große Dateien (> 1 MB). Verwenden Sie gegebenenfallsein Packprogramm, um kleinere ZIP-Archive zu senden. Senden Sie Anlagen nur in Formaten, die der Empfänger auch öffnen kann und keine potenziell gefährlichen Dateien wie zum Beispiel ausführbare .exe-Dateien.
- In Antwort-Mails beginnen Sie Zitate mit dem Zitat-Zeichen „>". Fügen Sie keine Zeilenumbrüche in Zitate manuell ein. Passen Sie bei Antworten gegebenenfalls den Betreff an, und schreiben Sie den alten Betreff in Klammern dazu; Beispiel „Betreff: Fahrradreparatur (was: Urlaubsplanung)". Das Wort „was" ist englisch für „war" und wird bei weiteren Antworten von den meisten E-Mail-Programmen automatisch entfernt, sodass die Betreffzeile auch in langen Unterhaltungen (Threads) übersichtlich bleibt.
- Beschränken Sie auch Antwort-Mails nur auf die nötigen Empfänger – verzichten Sie im Zweifelsfall auf die Funktion **Allen Antworten**.

- Leiten Sie keine Ketten-Mails, dubiose Viren-Warnungen oder Spam-Mails weiter. Verwenden Sie die Weiterleitungsfunktion generell nur, wenn dies sachlich nötig und nicht kompromittierend ist.

HTML-Mails gestalten

Vielleicht sind die Warnungen vor dem HTML-Format auf den vorhergehenden Seiten etwas zu streng geraten. Ein Blick in die Posteingangsordner zeigt, dass insbesondere die private Korrespondenz doch zunehmenend „bunter" wird, sprich: die Gestaltungsmöglichkeiten des HTML-Formats nutzt. Auch manches Unternehmen möchte seinen Botschaften heute mit grafischen Elementen mehr Pep verleihen oder gar mit einem Mail-Newsletter punkten, der einer Hochglanzbroschüre optisch in nichts nachsteht. Sind sich Absender und Empfänger der Vor- und Nachteile bewusst, ist dagegen natürlich nichts einzuwenden. Doch das anspruchsvolle Gestalten von Mails erfordert neben einem geschulten Blick auch Geduld und Zeit. Zum Glück bietet Outlook einige Funktionen, mit denen sich diese Aufgaben effizient erledigen lassen. Im Folgenden stellen wir diese vor – jedoch nur in Kürze, weil oft viele Funktionen aus Microsoft Word vertraut sein werden.

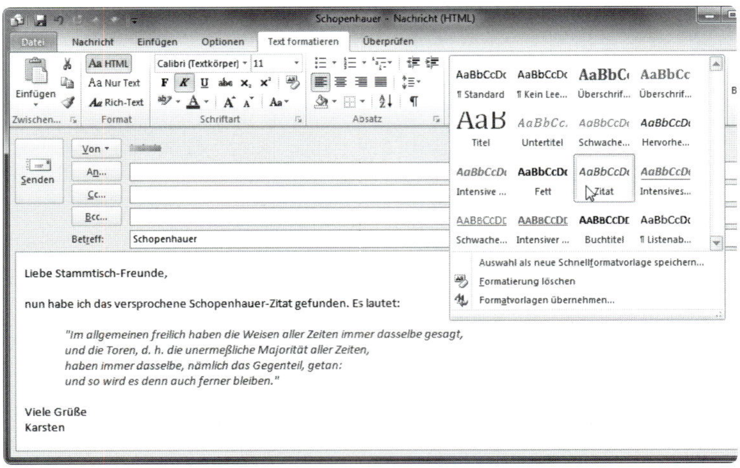

Bild 3.6 Viele Schnellformate sind bereits integriert

Schnellformate

Formate oder Formatvorlagen sind Zusammenstellungen („Sets") von Eigenschaften, die einem ganzen Absatz oder einzelnen Zeichen im Text mit einem einzigen Mausklick zugewiesen werden können. Sie sind unersetzlich, wann immer es um schnelle und konsistente, kurz, um professionelle Gestaltung von Drucksachen geht.

Beispiel: Sie möchten in Ihren HTML-Mails Literaturzitate in blauer Schriftfarbe, mit einer Absatzeinrückung und in kursiver Schrift darstellen. Wenn Sie einen Absatz so formatiert haben, erstellen Sie daraus ein Schnellformat. Für alle weiteren Literaturzitate in HTML-Mails genügt dann ein Mausklick zur Formatierung! Wenn Sie die Formatvorlage später ändern, werden die Änderungen automatisch auf alle entsprechenden Textpassagen übertragen.

Grundsätzlich gilt deshalb für Outlook ebenso wie für Word, PowerPoint, Excel und viele andere Programme: Formatkombinationen, die Sie mehr als ein Mal benötigen, sollten Sie immer über Formatvorlagen realisieren. Sie sparen viel Zeit, vermeiden Fehler und sorgen für einheitliches, professionelles Erscheinungsbild. In Unternehmen ist dies oft auch eine Frage der Corporate Identity.

Formatvorlagen lassen sich in Outlook für Textabsätze, Zeichen, Tabellen und Listen nutzen. Verschiedene Kataloge von Formatvorlagen stehen bereits standardgemäß zur Verfügung mit Formaten für Überschriften, Untertitel, Hervorhebungen etc.

So wählen Sie ein Vorlagen-Set für Stile, Farben, Schriftarten oder Absatzabstände:

1. Schreiben Sie eine HTML-Mail, und öffnen Sie die Registerkarte **Text formatieren**.
2. Klicken Sie im Abschnitt **Formatvorlagen** auf **Formatvorlagen ändern**.
3. Fahren Sie mit dem Mauszeiger, ohne zu klicken, über die Kategorien und die dazu jeweils integrierten Vorlagen. Eine Vorschau der Formatierungen wird dabei mit Ihrer Mail gezeigt (Bild 3.6).
4. Klicken Sie auf die gewünschte Formatvorlage.

Die integrierten Vorlagen können Sie sehr einfach durch individuelle Vorlagen ergänzen:

1. Gestalten Sie einen Absatz oder eine Zeichenfolge in der Mail mit Hilfe der Formatfunktionen auf der Registerkarte **Text formatieren**, Abschnitte **Schriftart** und **Absatz**.
2. Markieren Sie den Absatz bzw. den formatierten Text, und klicken Sie mit der rechten Maustaste darauf.
3. Wählen Sie im Kontextmenü **Formatvorlagen > Auswahl als neue Schnellformatvorlage speichern...**.
4. Geben Sie im folgenden Dialog einen **Namen** für die Vorlage ein, und bestätigen Sie mit **OK**.

Und so setzen Sie Schnellformate ein:

1. Im Abschnitt **Formatvorlagen** werden alle Vorlagen angezeigt, wenn Sie auf den unteren Abwärtspfeil klicken. Ein Mausklick auf eine Vorlage weist diese dem markierten Textabschnitt zu.
2. Um eine Formatvorlage zu ändern, klicken Sie mit der rechten Maustaste darauf, und wählen Sie im Kontextmenü **Ändern...**.
3. Im Dialogfeld **Formatvorlage ändern** können Sie über die Schaltfläche **Format** alle verfügbaren Formatoptionen öffnen und bearbeiten.

Briefpapier und Designs

Eine Weiterführung der Formatvorlagen bieten die Briefpapiere und Designs von Outlook. Briefpapiere sind Hintergrundbilder oder -farben, auf denen, wie auf bedrucktem Papier, der eigentliche Mail-Inhalt dargestellt wird. Designs gehen noch weiter und umfassen zusätzlich Schrifteffekte, Formatvorlagen und Farbpaletten. Auch hier wird bereits eine ganze Palette unterschiedlicher Vorlagen mitgeliefert. Über die Signatur-Funktion (siehe unten) können Sie übrigens auch Ihr persönliches Briefpapier sowie Schriftarten als Standard für neue Mails festlegen. Und so erstellen Sie eine neue Mail mit einem Design:

1. Öffnen Sie den E-Mail-Bereich von Outlook, etwa indem Sie im Navigationsbereich auf einen Mail-Ordner wie **Posteingang** klicken.
2. Klicken Sie auf der Registerkarte **Start** auf **Neue Elemente**, und wählen Sie **E-Mail-Nachricht mit > Weitere Briefpapiere**.
3. Im Dialogfeld **Design oder Briefpapier** wählen Sie mit der Maus oder den Pfeiltasten Einträge aus der Liste der Designs aus (Bild 3.7). Im Feld rechts sehen Sie jeweils eine Vorschau mit den dazugehörigen Formaten und Hintergrundbildern oder -farben.
4. Mit **OK** übernehmen Sie das aktuelle Format in Ihre neue Mail.

SPARTIPP

Format-Eigenschaften können Sie – in Outlook wie in Word – von einer auf weitere Textstellen übertragen. Klicken Sie dazu auf das Pinsel-Symbol auf der Registerkarte **Text formatieren**, Abschnitt **Zwischenablage**.

Tabellen

In Outlook-HTML-Mails stehen Ihnen Tabellenfunktionen zur Verfügung, die keine Wünsche offen lassen. Sie können Tabellen auf zwei Arten einfügen und bearbei-

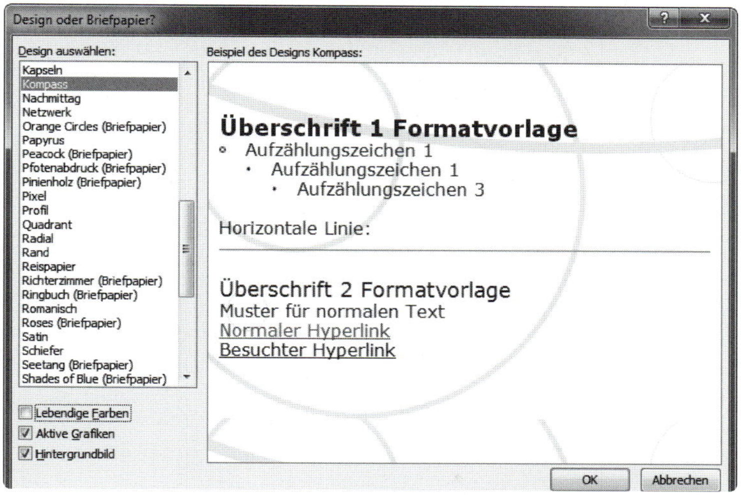

Bild 3.7 Auswahl eines Designs oder Hintergrunds für eine neue HTML-Mail

ten: zum einen über die Editor-eigenen Tabellen-Tools, die Sie auch in Word finden und zum anderen als eingebettete Excel-Tabelle mit einem großen Teil der Excel-Funktionalitäten (**Einfügen** > **Tabelle** > **Excel-Kalkulationstabelle**). In letzterem Fall wird ein Excel-Arbeitsblatt in einem kleinen Rahmen in der Mail eingeblendet, oberhalb der Mail-Adressfelder finden Sie dann die Excel-Bearbeitungsleiste. Wenn Sie eine solche Excel-Tabelle im HTML-Format versenden, wird sie dem Empfänger als Bild in der Mail angezeigt. Soll der Empfänger das Excel-Arbeitsblatt ändern können, senden Sie deshalb besser eine „echte" Excel-Datei als Anlage. Doch zurück zur Standard-Tabellenfunktion. Auch Tabellen lassen sich in Outlook dank mitgelieferter Vorlagen schnell und bis ins Detail gestalten. Für häufig benötigte Tabellenlayouts können Sie auch hier eigene Formatvorlagen gestalten und verwenden. Und so fügen Sie eine Tabelle in Ihre Nachricht ein:

1. Setzen Sie die Schreibmarke an die gewünschte Stelle im Text.
2. Wählen Sie **Einfügen** > **Tabelle**, und wählen Sie dann mit dem Mauszeiger im Kästchenfeld die gewünschte Anzahl der Spalten und Zeilen (Sie können später weitere hinzufügen oder löschen).
3. Die Tabelle wird eingefügt und kann nun mit Inhalten gefüllt werden. Wenn die Schreibmarke innerhalb der Tabelle positioniert ist, kann sie über die beiden Registerkarten **Tabellentools Entwurf und Layout** bearbeitet werden.
4. Über die **Tabellenformatvorlagen** können Sie mit einem Mausklick aufwendige Tabellen-Layouts anwenden.
5. Über **Layout > Daten** stehen auch Sortierfunktionen und Formeln zur Verfügung.

Fotos, Diagramme, grafische Formen, Screenshots

Was für die Tabellen galt, gilt auch für Grafiken aller Art: Bilder, Diagramme, SmartArt (Organigramme), grafische Formen und Symbole sowie Bildschirmabbildungen können Sie in HTML-Mails ebenso vielfältig und komfortabel einsetzen wie in Word und anderen Office-Anwendungen von Microsoft. Diese Elemente finden Sie auf der Registerkarte **Einfügen** im Abschnitt **Illustrationen**. Fügen Sie beispielsweise ein Foto ein, ändern Sie die Größe, drehen Sie es mithilfe des grünen „Anfassers" oberhalb des Bildes, fügen Sie einen Rahmen und/oder Schatteneffekt hinzu und vieles mehr.

Die grafischen Möglichkeiten sind in den aktuellen Office-Programmen nahezu unerschöpflich und gleichzeitig sehr intuitiv zu nutzen – deshalb erübrigt sich an dieser Stelle eine detaillierte Erläuterung. Ganz besonders auf diesem Gebiet empfehlen wir, nach der Maxime vorzugehen: „Probieren geht über studieren."

Neu ist eine sehr praktische Möglichkeit, schnell Bildschirmabbildungen (Screenshots) in die Mail einzufügen:

1. Bereiten Sie das Programmfenster einer beliebigen Anwendung vor, das Sie „knipsen" möchten.
2. Starten Sie Outlook und erstellen Sie eine neue HTML-Mail.
3. Öffnen Sie die Registerkarte **Einfügen**, und klicken Sie auf das **Screenshot**-Symbol im Abschnitt **Illustrationen**.
4. Sie sehen nun eine Übersicht der aktiven Fenster, aus der Sie mit einem Mausklick eines auswählen. Alternativ können Sie über **Bildschirmausschnitt** einen beliebigen Bildbereich mit gedrückter Maustaste „aufziehen", der in die Mail eingefügt wird.

Objekte (Datei-Inhalte) einfügen

In eine HTML-Mail lassen sich Datei-Inhalte aus diversen Anwendungen einfügen, die in der Mail angezeigt und vom Empfänger geöffnet und bearbeitet werden können, sofern dieser über das entsprechende Programm verfügt. Diese Möglichkeit besteht für diverse Bild-Dateiformate, alle Microsoft Office-Dateiformate, aber nicht zuletzt auch für das verbreitete PDF-Format von Adobe. Solche Objekte fügen Sie ein über die Registerkarte **Einfügen, Abschnitt Text, Symbolschaltfläche Objekt**. Anschließend haben Sie die Wahl, ein Objekt (eine Datei) der aufgelisteten Typen neu oder aus einer bereits vorhandenen Datei zu erstellen.

Fokus: Oft hilfreich sind Mail-Vorlagen

Wenn Sie häufig E-Mails mit gleichlautenden oder ähnlichen Inhalten zu schreiben haben, empfiehlt sich noch eine weitere, besonders effiziente Methode: Sie können eine vorbereitete E-Mail mit allen Inhalten als Vorlage speichern (**Datei** > **Speichern unter** > **Dateityp „Outlook-Vorlage“**). Sie erhalten dann eine Datei mit der Endung .oft. Diese Datei können Sie in einem beliebigen Ordner speichern, beispielsweise auf Ihrem Desktop. Ein Doppelklick auf die Vorlagendatei öffnet dann eine neue Mail samt Inhalt, die Sie nur noch ergänzen oder anpassen und senden müssen. So lassen sich beispielsweise für häufig benötigte Standard-Antwort-Mails beliebig viele Vorlagen anlegen, die Ihnen viel Schreibarbeit ersparen können.

Dateianlagen senden

Häufiger als die oben erwähnten Objekte werden externe Dateien als Anlagen einer Mail gesendet. Sie können prinzipiell fast jede Art von Datei als Anhang einer Mail versenden. Nur bei ausführbaren Dateien funktioniert das in der Regel nicht und das aus guten Gründen der Sicherheit: Ausführbare Dateien mit Endungen wie .exe, .dll, .js und anderen können Viren und andere Schad-Software enthalten. Sie können eine Mail mit solchen Anlagen zwar senden, erhalten jedoch vorher einen Warnhinweis von Outlook, der auf potenziell unsichere Anlagen hinweist. Zudem ist die Wahrscheinlichkeit sehr hoch, dass der Empfänger eine solche Mail gar nicht erhält oder zumindest den Anhang nicht öffnen kann. Auch Outlook blockiert standardmäßig den Zugriff auf diese Dateiformate. Wenn Sie doch einmal eine solche Datei verschicken müssen, heißt die Lösung: Verpacken.

Fokus: Im Zweifelsfall „verpacken“

„ZIP“ kommt vom englischen Wort „Zipper“ (für „Reißverschluss“) und ist das am weitesten verbreitete Dateiformat für komprimierte Dateien, genauer: für sogenannte „Archive“, in denen beliebig viele Dateien enthalten und in komprimierter, platzsparender Form zusammengefasst („gepackt“) werden können. Neben ZIP ist RAR ein häufig genutztes Format für gepackte Dateien. In aktuellen Windows-Versionen ist ein ZIP-Programm zum Packen und Entpacken enthalten, weitere Programme wie 7-Zip sind kostenlos erhältlich und bieten zusätzliche Funktionen. E-Mail-Anlagen zu verpacken, empfiehlt sich nicht nur für ausführbare Dateien, sondern auch, wenn Sie umfangreiche Anlagen senden

VORSICHT

Die häufig anzutreffenden **Disclaimer**, die vor der Weitergabe vertraulicher Informationen schützen oder einen Haftungsausschluss bewirken sollen, sind rechtlich irrelevant und blähen die E-Mail nur unnötig auf. Auf Disclaimer können Sie also getrost verzichten.

möchten. Dateiformate wie Bitmap-Bilder, Text- oder Word-Dateien schrumpfen im ZIP-Archiv auf einen Bruchteil Ihrer Größe. Weniger ausgeprägt ist der Effekt bei Dateiformaten, die bereits von sich aus komprimieren, wie etwa JPG-Bilder, PDF-Dokumente oder viele Video- und Audioformate. Um im Windows-Explorer Dateien oder Verzeichnisse zu verpacken, markieren Sie diese, klicken mit der rechten Maustaste darauf und wählen **Senden an > ZIP-komprimierter Ordner**. Zum Entpacken öffnen Sie das ZIP-Archiv mit einem Doppelklick und klicken im Windows-Explorer auf die Schaltfläche **Alle Dateien extrahieren**.

Dateien anfügen

Um eine Mail mit Dateianlagen zu versenden, gibt es verschiedene Vorgehensweisen. In der Regel erstellen Sie zunächst die neue Nachricht in Outlook und fügen dann entweder sofort oder nach dem Schreiben des Textes über die Registerkarte **Einfügen > Datei anfügen** die Dateien an. Sie können im Dialogfeld **Datei einfügen** auch eine Mehrfachauswahl treffen, indem Sie die **Strg**- oder die **Umschalt**-Taste gedrückt halten.

Eine Mail mit Dateianlagen können Sie aber auch direkt aus dem Windows Explorer erstellen. Dazu markieren Sie die gewünschten Dateien und wählen im Kontextmenü (rechter Mausklick) **Senden an > E-Mail-Empfänger.** Outlook wird mit einer neuen Mail geöffnet, und Sie müssen nur noch Empfänger angeben sowie gegebenenfalls Betreff und Inhalt ändern.

Visitenkarten, Kalender und andere Elemente

Der Bereich **Einschließen** auf der Registerkarte **Einfügen** zeigt weitere Elementtypen, die Sie über diese Schaltflächen mit einer Mail senden können. Dabei werden Visitenkarten als Anlage angefügt (siehe Kapitel 5), Kalender als Anlage oder Inhalt einer HTML-Mail eingefügt (siehe Kapitel 6), Signaturen am Ende der Mail eingefügt (siehe unten). Darüber hinaus können Sie über die Schaltfläche **Outlook Element** weitere Elemente aus Ihren Outlook-Ordnern wahlweise als Inhalt oder Anlage senden, beispielsweise Notizen, Aufgaben oder andere Mails.

Signaturen

In der geschäftlichen Korrespondenz ist es üblich, dass im Fuß der Mail eine Signatur angefügt wird. Für Unternehmen, die im Handelsregister eingetragen sind, ist diese sogar gesetzlich vorgeschrieben. Nach der gesetzlichen Vorgabe müssen mindestens folgende Angaben enthalten sein: Firmenname und Geschäftsform, Ort bzw. Sitz des Unternehmens mit Anschrift, Namen der Geschäftsführer oder des Aufsichtsratsvorsitzenden, zuständiges Amtsgericht, Handelsregisternummer, Umsatzsteuer-ID sowie die Steuernummer. Zusätzlich werden üblicherweise die wichtigsten Kontaktdaten genannt (Telefonnummern, E-Mail-Adresse, gegebenenfalls Web-Adresse). Im Internet finden Sie Zusatzprogramme und Online-Generatoren, die das Erzeugen und Verwalten von Signaturen unterstützen.

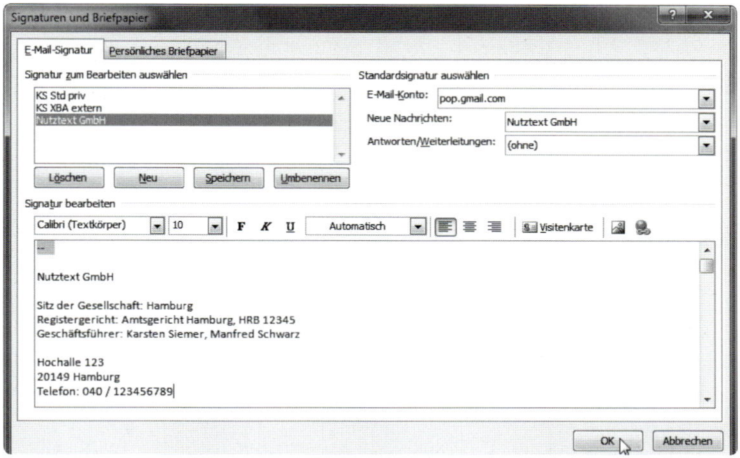

Bild 3.8 Verwalten der automatischen Signaturen und Briefpapiere

Stellen Sie einer Signatur einen **Signaturtrenner** voran, damit E-Mail-Programme wie Outlook diese in Antwort-Mails automatisch entfernen und so eine umfangreiche Unterhaltung übersichtlich halten können. Ein Signaturtrenner besteht aus einer Zeile mit zwei Bindestrichen gefolgt von einem Leerzeichen: „–“.

Sie können in Outlook viele unterschiedliche Signaturen anlegen, die automatisch neuen Nachrichten angefügt werden. Verschiedenen E-Mail-Konten lassen sich unterschiedliche Standard-Signaturen zuordnen. So erfassen und verwalten Sie Signaturen:

1. Wählen Sie **Datei > Optionen > E-Mail**. Klicken Sie auf **Signaturen...**.
2. Im Dialogfeld **Signaturen und Briefpapier** auf der Registerkarte **E-Mail-Signatur**, klicken Sie auf **Neu** und geben einen **Namen** für die Signatur ein. Bestätigen Sie mit **OK**.
3. Im Signaturfeld unten erfassen Sie den Signaturtext (Bild 3.8). Sie können auch eine Grußformel bereits in der Signatur angeben, die eigentliche Signatur sollte mit dem Signaturtrenner „–“ beginnen. Für HTML-Mails können Sie auch Schriftart- und größe festlegen. Klicken Sie abschließend auf **OK**.

4. Sie können beliebig viele Signaturen erfassen. Wenn Sie mehrere Konten verwenden, ordnen Sie jeweils Standard-Signaturen zu. Für neue Nachrichten und Antworten lassen sich unterschiedliche Vorgaben treffen.

Senden – so geht die Post ab

Zum Senden genügt im einfachsten Fall die Angabe einer Empfängeradresse im Feld **An:** sowie ein Klick auf die **Senden**-Schaltfläche. Die Mail wird dann in den Ordner **Postausgang** verschoben und erst beim nächsten Übermittlungsvorgang endgültig abgeschickt und gleichzeitig vom Postausgang in den Ordner **Gesendet** verschoben. Für welche Konten und in welchen Zeitintervallen die Übermittlung automatisch erfolgt, regeln Sie über die **Senden-Empfangen-Gruppen** in den erweiterten Outlook-Optionen (Kapitel 4). Um sofort zu übermitteln, drücken Sie einmal die Taste **F9**.

An, CC, BCC und Adressbücher

Für die Empfängeradressen stehen drei Felder bereit. Im Feld **An:** geben Sie den oder die Haupt-Empfänger an. Sind es mehrere, kann jeder davon die Adressen der anderen hier genannten Empfänger sehen. Im Feld **CC:** (Carbon Copy = „Durchschlag“) geben Sie gegebenenfalls Empfänger an, die diese Mail ebenfalls erhalten, ohne direkt angesprochen zu sein. Auch diese Empfänger sind für die anderen sichtbar. Im Feld **BCC:** (Blind Carbon Copy = „unsichtbarer Durchschlag“) können Sie weitere „heimliche“ Empfänger angeben, die für die übrigen nicht sichtbar sind. E-Mail-Adressen, die Sie nicht weitergeben möchten, gehören also ins BCC! Eine Adresse, die Outlook bereits kennt, wird während der Eingabe vorgeschlagen und kann mit Pfeil- und Eingabetasten übernommen werden. Adressen oder Empfängergruppen, die Sie in einem Adressbuch angelegt haben (Kapitel 5), lassen sich komfortabel einfügen, indem Sie auf eine der Feld-Bezeichnungen klicken (**An**, **CC** oder **BCC**). Im Dialogfeld **Namen auswählen: Kontakte** markieren Sie die gewünschten Einträge und fügen sie per Mausklick einem der Adressfelder hinzu.

Senden-von-Konto

Falls Sie mehrere E-Mail-Konten eingerichtet haben, können Sie für jede Mail wählen, von welchem Konto (mit welchem Absender) die Mail gesendet wird. Klicken Sie

URL

Der Link zum E-Mail-Pflichtangaben-Assistenten:

- http://www.it-recht-kanzlei.de/Tools/Pflichtangaben/generator.php

dazu im Kopfbereich der Mail auf die Schaltfläche **Von**. Welches Konto standardmäßig verwendet wird, steuern Sie über **Datei > Kontoeinstellungen > Kontoeinstellungen > E-Mail**. Das Standardkonto ist in der Liste mit einem Häkchen gekennzeichnet. Zum Ändern markieren Sie das gewünschte Konto in der Liste und klicken dann auf **Als Standard festlegen**.

Weitere Sende-Optionen

Outlook bietet im Editor-Fenster weitere **Optionen**. Hier eine Auswahl:

Lesebestätigung/Übermittlungsbestätigung: Auf diese Optionen sollten Sie im Zweifelsfall lieber verzichten, da sie vom Empfänger leicht als aufdringliche Kontrolle empfunden werden könnten. Während die Übermittlungsbestätigung entweder automatisch blockiert oder ausgelöst wird, muss eine Lesebestätigung vom Empfänger erteilt werden – was letztlich nichts darüber aussagt, ob er Ihre Mail tatsächlich gelesen hat.

Übermittlung verzögern: Klicken Sie auf diese Schaltfläche, um diverse **Sicherheits- und Übermittlungsoptionen** auszuwählen. Die **Wichtigkeit** und **Vertraulichkeit** wird allerdings nur Empfängern angezeigt, die ebenfalls Outlook nutzen. Die **Abstimmungsfunktion** steht nur für das RTF-Mail-Format zur Verfügung. Interessant ist die Option **Übermittlung verzögern bis**, wenn Sie Ihre Mail zu einem bestimmten Zeitpunkt senden wollen. Das setzt allerdings voraus, dass der PC und Outlook zum gewählten Zeitpunkt nicht abgeschaltet sind oder dass über einen Exchange Server gesendet wird.

Sie haben neue Nachrichten

Noch wichtiger als das Senden von Mails ist, dass Sie sich gegen die Flut der eingehenden Mails wappnen. Welche Hilfen Outlook dazu bietet, lesen Sie im folgenden Kapitel.

WEB TAGS

ZIP-Programm
HTML
Signatur Generator
Disclaimer
E-Mail-Signaturen
Outlook-Vorlagen
Microsoft Office
SmartArt
Outlook-Briefpapier

4 SIE HABEN POST: E-MAILS EMPFANGEN UND LESEN

Die E-Mail ist ein unverzichtbares, dabei oft hocheffizientes Kommunikationsmittel und gleichzeitig ein kostspieliger Zeitfresser. Es ist heute in vielen Jobs keine Seltenheit, dass täglich Dutzende oder gar Hunderte von Mails hereinkommen. Normalerweise ist aber das Lesen, Bewerten, Sortieren und Wiederfinden von Mails nicht der eigentliche, produktive Kern der Arbeit, sondern nur Mittel zum Zweck. Deshalb gehört der richtige Umgang mit der E-Mail-Flut zu den wichtigsten Aspekten, wenn es um Zeitmanagement und effiziente Organisation geht.

Dabei gibt es zwei wesentliche Faktoren – oder „Stellschrauben", mit denen Sie sehr viel erreichen können: Ihr eigenes Verhalten und die technischen Möglichkeiten.

Ihr Verhalten im Umgang mit eingehenden Mails zeigt sich an Fragen wie diesen:

- Wie oft schauen Sie in Ihr Postfach (zu oft!)?
- Lesen Sie neue Mails sofort (leider ja!)?
- Welche Priorität haben neue Mails gegenüber Ihrer aktuellen Aufgabe (eine zu hohe!)?
- Wie filtern Sie Wichtiges von Unwichtigem (nicht konsequent genug!)?

Die Antworten in Klammern sind natürlich provokativ gemeint. Vielleicht gehören Sie schon zu den wenigen, die das Strukturieren ihrer Arbeitszeit nicht mehr dem elektronischen Posteingang überlassen und die auch nicht mehr dem inzwischen wissenschaftlich widerlegten Mythos anhängen, per „Multi-Tasking" sei es möglich, E-Mails und andere Aufgaben ohne unnötige Reibungsverluste quasi nebenbei zu erledigen. Beim zweiten Optimierungsfaktor – den technischen Möglichkeiten – kommt Outlook ins Spiel und damit das Thema dieses Kapitels.

Auch beim regelmäßigen Abrufen neuer Mails sowie beim Sichten und Durcharbeiten Ihrer Posteingangs- und Ablageordner können Sie überraschend viel Zeit sparen und Übersicht gewinnen. Die wichtigsten Outlook-Funktionen hierfür lernen Sie in diesem Kapitel kennen.

Einstellungen und Optionen für E-Mail-Empfang

Ganz ohne Ordnungshilfen können Sie schon viel erreichen, wenn Sie die Optionen für den E-Mail-Empfang auf Ihre Bedürfnisse und Arbeitsweise abstimmen.

Senden-Empfangen-Gruppen, Abrufintervall

Um zeitraubende Unterbrechungen und Ablenkungen durch eingehende Mails auf ein Minimum zu reduzieren, sollten Sie möglichst selten, dafür aber regelmäßig zu bestimmten Zeiten Ihre E-Mails abrufen. So räumen Sie Ihrer E-Mail-Bearbeitung einen kleinen, aber festen Platz im Tagesablauf ein. Ähnliche Ratschläge finden sich zu Recht in vielen Zeitmanagement-Ratgebern. Die Autorin Julie Morgenstern etwa empfiehlt schon im Buchtitel: „Never check e-mail in the morning".

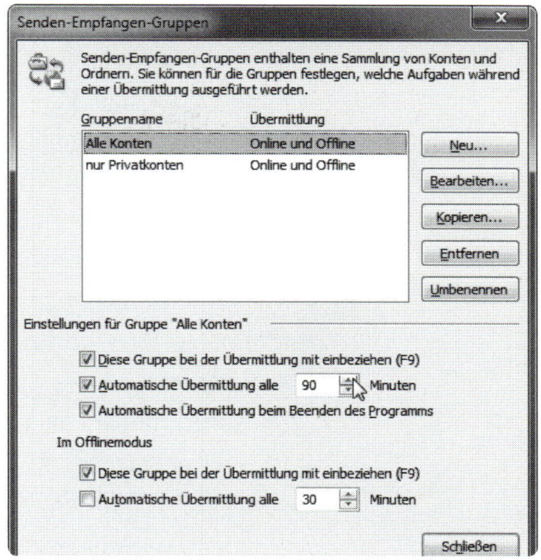

Bild 4.1 Einstellungen für Konten-Gruppen

Das in der einschlägigen Literatur empfohlene Abrufintervall liegt zwischen einmal wöchentlich und vier Mal täglich. Der für Sie beste Kompromiss zwischen geringer Ablenkung und Aktualität hängt natürlich auch von Ihrer Tätigkeit ab. Wenn Sie schnell auf Kundenanfragen reagieren müssen, genügt es wahrscheinlich nicht, sich auf ein oder zwei Mail-Abrufe täglich zu beschränken. Doch generell gilt: Weniger ist effizienter!

Das Übermitteln der E-Mails aus Ihrem Postausgang und das Abholen neuer Mails vom Server können Sie mit der Funktionstaste **F9** auslösen. Doch aus den genannten Gründen ist es oft effizienter, davon nicht allzu häufig Gebrauch zu machen oder zumindest nicht für alle E-Mail-Konten.

Outlook erlaubt zum Glück eine sehr differenzierte Einstellung der Übermittlungsintervalle und weiterer Senden/Empfangen-Optionen. Wenn Sie mehrere E-Mail-Konten haben, können Sie für einzelne Konten oder Kontengruppen unterschiedliche Einstellungen vornehmen. Diese Optionen sind allerdings etwas versteckt:

1. Wählen Sie im Hauptfenster **Datei > Optionen > Erweitert** (Outlook 2007: **Extras > Optionen > E-Mail-Setup**).
2. Mit der Bildlaufleiste gehen Sie zum Abschnitt **Senden und Empfangen**. Die Option **bei bestehender Verbindung sofort senden** sollten Sie deaktivieren, um die Gefahr voreilig abgeschickter Mails zu reduzieren – diese lassen sich nicht zurückholen!
3. Klicken Sie auf die Schaltfläche **Senden/Empfangen...**.

4. Im Dialogfeld **Senden-Empfangen-Gruppen** (Outlook 2007: **Übermittlungsgruppen**) ist die Gruppe „Alle Konten“ fest voreingestellt (Bild 4.1). Wenn Sie nur ein Konto haben oder alle Konten gleich behandeln möchten, stellen Sie hier ein, ob diese Konten mit **F9** aktualisiert werden und in welchen Zeitintervallen eine automatische Übermittlung (Senden/Empfangen) erfolgt. Wählen Sie hier ein möglichst großes Zeitintervall, um unnötige Ablenkungen zu minimieren!
5. Wenn Sie etwa für Privat- und Geschäftskonto unterschiedliche Einstellungen vornehmen möchten, legen Sie eine zusätzliche Gruppe an, indem Sie auf **Neu...** klicken.
6. Markieren Sie eine Gruppe, und klicken Sie auf **Bearbeiten**, um die Kontenzuordnung zu ändern.
7. Sie sehen nun am linken Rand eine Liste Ihrer Outlook-Konten. Klicken Sie auf ein Konto, und geben Sie an, ob es in dieser Gruppe einbezogen wird, ob Nachrichten gesendet und/oder empfangen werden sollen und in welchem Ordner eingehende Mails abgelegt werden. Standard ist hier der **Posteingang** des Standard-Kontos (Bild 4.2).
8. Wählen Sie, ob beim Abruf zunächst nur die Kopfzeilen (Absender und Betreff) geladen werden oder gleich die gesamte Nachricht einschließlich eventueller Anlagen.
9. Für IMAP-Konten können Sie diese Einstellungen für jeden abonnierten Ordner separat vornehmen (**Kontooptionen > Das unten definierte benutzerdefinierte Verhalten verwenden** und **Ordneroptionen** > Ordner auswählen **> Nur Kopfzeilen herunterladen**).
10. Speichern Sie die Angaben mit **OK**, definieren Sie alle Senden-Empfangen-Gruppen, und klicken Sie auf **Schließen** und **OK**.

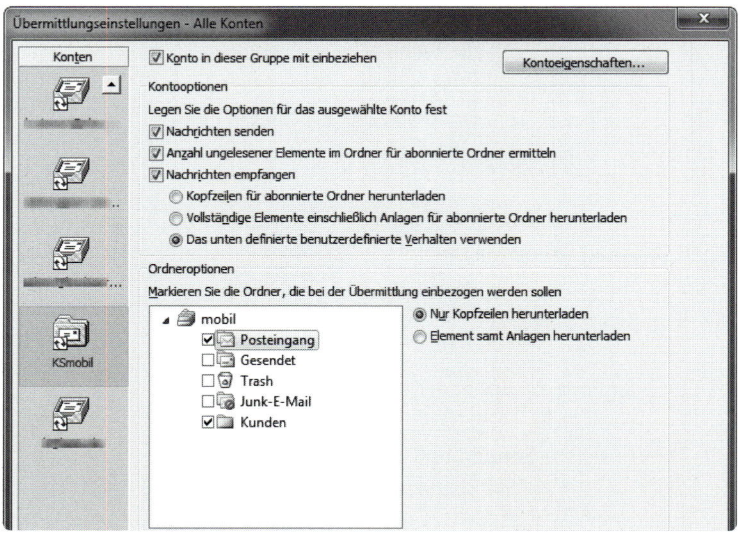

Bild 4.2 Weitere Einstellungen je Konto innerhalb der Gruppe (hier IMAP-Konto)

Meldungen bei Nachrichteneingang

Andere wichtige Optionen, die Sie sich anschauen sollten, betreffen die Benachrichtigung beim Eingang neuer Mails. Outlook bietet hier eine Reihe von Optionen, die in der Kombination geradezu alarmierend wirken können – mit den entsprechenden Folgen für die Tätigkeit, auf die Sie sich eigentlich gerade konzentrieren ...

> **TIPP**
> Mit Hilfe von **Outlook-Regeln**, die im Kapitel 9 erläutert werden, können Sie sich über den Eingang einer neuen Mail von einem bestimmten Absender mit individuellem Meldungstext informieren lassen.

Unter dem Gesichtspunkt der Effizienz gilt also auch hier „weniger ist mehr“. Und so aktivieren bzw. deaktivieren Sie die Optionen:

1. Wählen Sie im Hauptfenster **Datei > Optionen > E-Mail** (Outlook 2007: **Extras > Optionen > Einstellungen > E-Mail-Optionen > Erweiterte E-Mail-Optionen**).
2. Im Abschnitt **Nachrichteneingang** aktivieren Sie die gewünschten Arten der Benachrichtigung (Bild 4.3).

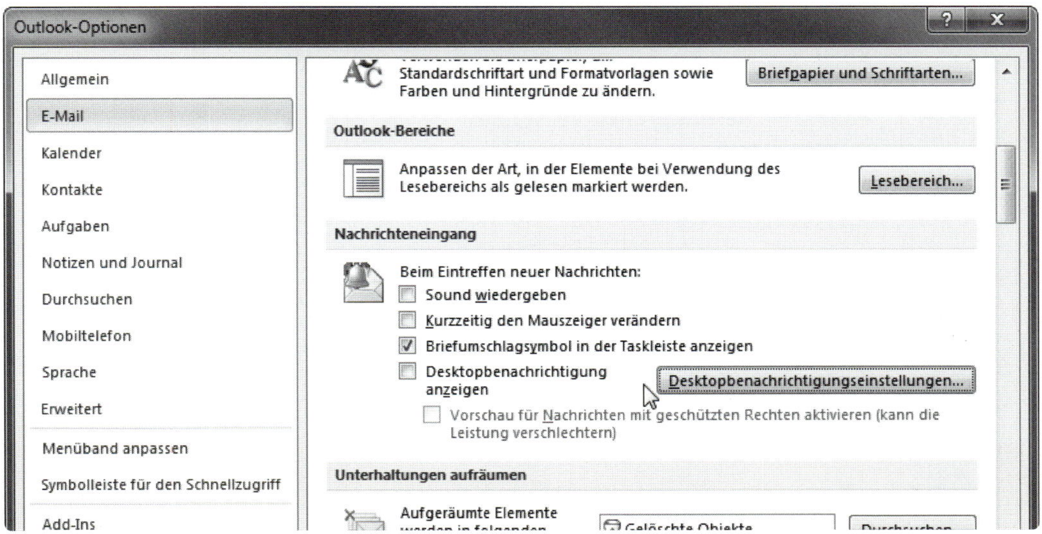

Bild 4.3 Beim Eintreffen neuer Nachrichten können Sie sich vielfältig informieren (ablenken) lassen

3. Desktopbenachrichtigungen sind kleine Bildschirmmeldungen, die beim Eingang einer neuen Mail im Vordergrund eingeblendet werden. Sie zeigen den Absender und eine Mail-Vorschau. Transparenz und Dauer der Einblendung können Sie über **Desktopbenachrichtungseinstellungen** vorgeben.

E-Mails lesen

Neue Nachrichten gilt es zu sichten, zu lesen und weiterzuverarbeiten. Die wichtigsten Funktionen für diese Aufgaben stellen wir Ihnen hier vor.
Ein Doppelklick auf eine Mail öffnet diese immer in einem neuen Fenster. Hier haben Sie eine Vielzahl von Funktionen zur Weiterverarbeitung, die im Folgenden noch zur Sprache kommen, darunter Antworten, Kategorien, Quicksteps und eine Suchfunktion.
Zum schnellen Sichten und Lesen Ihrer Mails eignet sich jedoch der **Lesebereich** (früher „Vorschau") besser. Ob der Lesebereich angezeigt wird, legen Sie für jeden Ordner separat fest. Ist er aktiviert, dann genügt ein einfacher Klick auf eine Nachricht, um dort den Inhalt anzuzeigen. Sie können die Markierung auch mit den Pfeiltasten (auf oder ab) durch den Mail-Ordner bewegen – die jeweils markierte Mail wird im Lesebereich geöffnet.

Fokus: Sicherheitsrisiko Vorschau?
In früheren Outlook-Versionen galt die Vorschau als Sicherheitsrisiko, weil dort geöffnete HTML- oder RTF-Mails ausführbare Skripte oder Makros enthalten konnten (siehe auch vorhergehendes Kapitel). Auf diesem Wege sind häufig Viren und andere Schad-Software auf die PCs geschleust worden. Diese Gefahr ist mit dem Lesebereich heute deutlich geringer: Zum einen prüfen viele Anti-Viren-Programme und auch E-Mail-Provider die Nachrichten und Dateianhänge auf Schad-Software. Zum anderen nutzt Outlook 2010 für die E-Mail-Anzeige denselben gegen Viren besser abgesicherten Editor, den auch Word verwendet.

URL

Das sind die Links zu diesem Kapitel:
▪ www.outlook-stuff.com/lang-de/produkte/e-mails/749-anlagen-auf-festplatte-auslagern.html ▪ www.juliemorgenstern.com/

Eine Warnung vor dem Lesebereich gilt deshalb heute nur noch für besonders sicherheitssensible Bereiche. Mehr zum Thema Sicherheit lesen Sie im Kapitel 10.

Lesebereich und Leselayout nutzen

So schalten Sie den Lesebereich für einen Ordner ein oder aus:

1. Klicken Sie in der Ordnerleiste auf den gewünschten Mail-Ordner.
2. Öffnen Sie die Registerkarte **Ansicht**, und klicken Sie im Abschnitt **Layout** auf **Lesebereich**.
3. Wählen Sie, ob der Lesebereich rechts oder unterhalb der Mail-Ansicht eingeblendet bzw. deaktiviert werden soll (**Aus**).
4. Unter **Lesebereich > Optionen** stehen weitere Möglichkeiten zur Auswahl (Bild 4.4). Geben Sie hier an, wann eine geöffnete Mail als gelesen markiert wird. Sehr komfortabel ist das etwas geheimnisvoll klingende **Einzeltastenlesen mit Leertaste**. Diese Option bewirkt, dass Sie zum Blättern im Mail-Ordner (von Mail zu Mail von oben nach unten) und in den Mails im Lesebereich nur die **Leertaste** drücken müssen. Dies ist die schnellste Möglichkeit, einen kompletten Mail-Ordner, zum Beispiel den Posteingang, zu sichten.

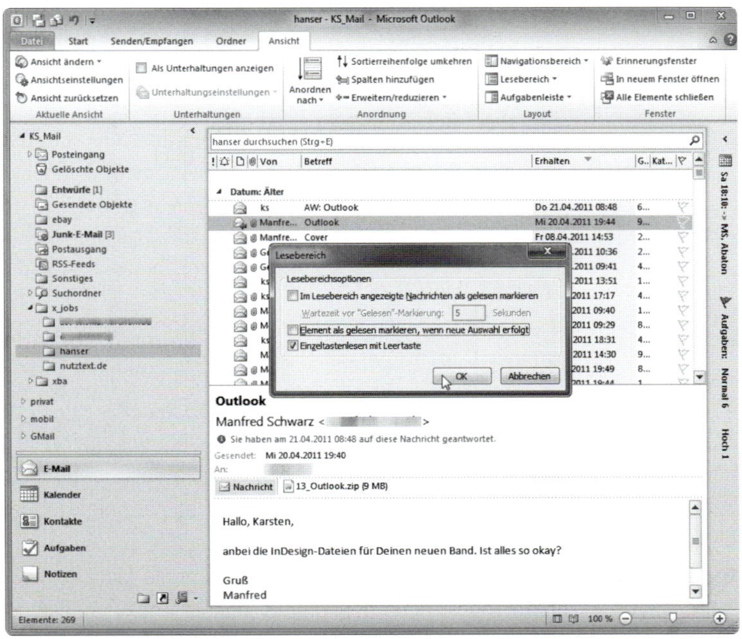

Bild 4.4 Der Lesebereich, hier unten eingeblendet, mit zusätzlichen Optionen

Externe, online gespeicherte Bilder in HTML-Mails werden standard-

SPARTIPP

Wenn Sie einer **Unterhaltung nicht folgen** möchten, können Sie Outlook veranlassen, diese zu ignorieren. Die bisherigen Mails sowie zukünftige Mails mit diesem Betreff werden dann automatisch in den Ordner **Gelöschte Elemente** verschoben. Zum Ignorieren klicken Sie auf eine Nachricht der Unterhaltung und klicken dann auf der Registerkarte **Start** im Abschnitt **Löschen** auf **Ignorieren**.

mäßig nicht in der Vorschau angezeigt. In diesen Fällen gibt Outlook jedoch oberhalb der Mail einen Hinweistext aus. Wenn Sie dem Absender vertrauen, klicken Sie einmal auf den Hinweistext, um die Bilder herunterzuladen oder die gesamte E-Mail in Ihrem Webbrowser anzuzeigen.

Die Größe des Lesebereichs ändern Sie, indem Sie den Mauszeiger auf die Linie zwischen Mail-Ansicht und Lesebereich positionieren. Der Mauszeiger wird dann zu einer Doppellinie, die Sie mit gedrückter Maustaste nach oben/unten bzw. links/rechts verschieben können.

Noch mehr Übersicht gewinnen Sie mit den Optionen **Leselayout** und **Zoom**. Diese finden Sie ganz rechts unten in der Statuszeile des Outlook-Fensters.

Im Modus **Leselayout** werden Navigationsbereich, Menüband und Aufgabenleiste minimiert, so dass fast das gesamte Outlook-Fenster für die Mail-Ansicht und den Lesebereich zur Verfügung steht. Ein Klick auf die Mini-Schaltfläche **Normal** links neben Leselayout schaltet wieder auf das Standard-Outlook-Fenster zurück.

Die Größe von Text und Bildern im Lesebereich lässt sich über den **Zoom-Regler** bzw. die beiden Schaltflächen + und - zwischen 10 % und 500 % variieren.

Dateianlagen öffnen, speichern, verwalten

Dass zu einer Mail Dateianlagen gehören, erkennen Sie in der Mail-Ansicht an einem kleinen Büroklammer-Symbol. Wenn Sie eine solche Nachricht öffnen, wird sowohl im Lesebereich wie auch im Nachrichtenfenster zunächst der Nachrichtentext angezeigt. Direkt über dem Lesebereich sehen Sie die Schaltfläche **Nachricht** sowie die Dateinamen aller Anlagen. Wenn Sie auf den Dateinamen einer Dateianlage klicken, wird deren Inhalt in der Vorschau angezeigt, sofern das jeweilige Dateiformat für die Vorschau unterstützt wird. Office-Dateien, Bilder, Musikdateien, Textdateien, aber auch PDF-Dokumente können Sie so direkt in Outlook öffnen (Bild 4.5). Gegebenenfalls müssen Sie vorher noch den Hinweis bestätigen, dass nur Dateien aus vertrauenswürdigen Quellen in der Vorschau angezeigt werden sollten. Das sollten Sie unbedingt beherzigen! Generell gilt: Die größte Gefahr, sich einen Virus oder ande-

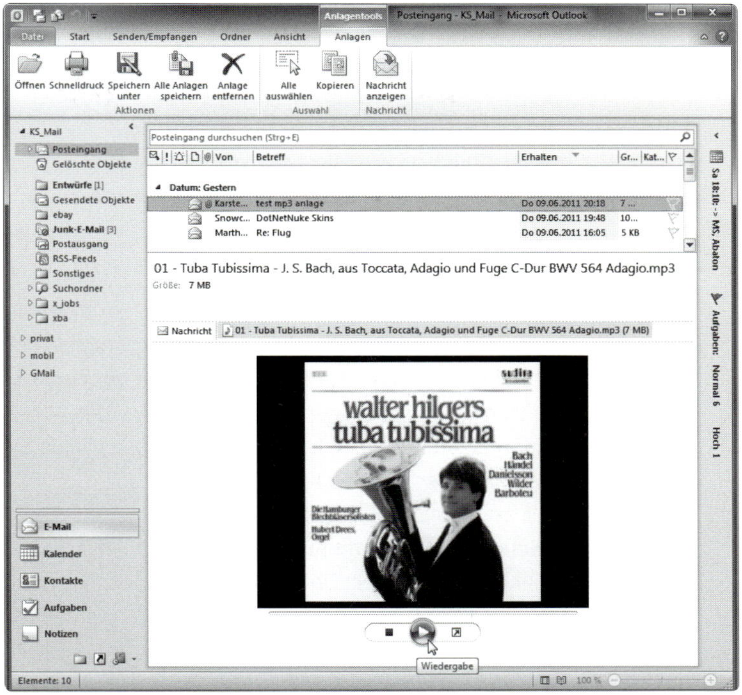

Bild 4.5 Sogar MP3-Dateien können Sie in der Outlook-Vorschau abspielen

re Schad-Software einzuhandeln, geht bei E-Mails von den Dateianlagen aus (siehe auch Kapitel 3 und 10). Solange Sie also auch nur den geringsten Zweifel daran haben, dass eine Dateianlage von einem vertrauenswürdigen Absender stammt – am besten nach Absprache oder Ankündigung – öffnen oder speichern Sie die Datei nicht!

Aus der Anlagen-Vorschau schalten Sie mit einem Klick auf **Nachricht** wieder zum Mail-Inhalt um.

Alle wichtigen Verwaltungsfunktionen für Mail-Anlagen stehen für Sie bereit, wenn Sie mit der rechten Maustaste auf den Dateinamen einer Anlage klicken. Sie können hier die Anlage in der Outlook-Vorschau oder in dem zugehörigen Programm öffnen. Sie können den Druck starten (nicht für jeden Dateityp sinnvoll). Zum Löschen einer Anlage aus der E-Mail wählen Sie **Anlage entfernen**, und bestätigen Sie beim Schließen der E-Mail das Speichern. Um Anlagen zu speichern, gehen Sie wie folgt vor:

1. Öffnen Sie die Mail im Anzeigefenster oder Lesebereich.
2. Klicken Sie mit der rechten Maustaste auf den Namen einer Dateianlage.
3. Zum Speichern der ausgewählten Datei wählen Sie im Kontextmenü **Speichern unter...**. Anschließend geben Sie den Zielordner sowie einen gegebenenfalls geänderten Dateinamen an und bestätigen mit **Speichern**.

4. Zum **gleichzeitigen Speichern mehrerer oder aller Anlagen** wählen Sie im Kontextmenü **Alle Anlagen speichern**. Im folgenden Dialogfeld markieren Sie die gewünschten Dateien. Für eine Mehrfachauswahl halten Sie die **Strg**-Taste gedrückt, während Sie auf die Dateinamen klicken. Anschließend geben Sie den Zielordner an und bestätigen mit **OK**.

Nur Kopfzeilen laden

Im ersten Abschnitt dieses Kapitels zu Senden-Empfangen-Gruppen haben wir erwähnt, dass für einzelne Konten – bei IMAP auch für einzelne Ordner – anstelle der vollständigen Mails zunächst auch nur die Kopfzeilen heruntergeladen werden können. Wenn Sie diese Einstellung gewählt haben, wird keine Vorschau im Lesebereich angezeigt, solange der Mail-Inhalt und eventuelle Anlagen noch nicht vom Server geladen worden sind.
Beim ersten Öffnen einer solchen Mail aus der Mail-Ansicht wird das Dialogfenster **Remoteelement-Kopfzeile** eingeblendet. Hier wählen Sie, ob die Nachricht vom Server geladen werden oder dort gelöscht werden soll.
Kopfzeilen können Sie auch über die Befehle im Abschnitt **Server** auf der Registerkarte **Senden/Empfangen** für den Download markieren. Nachdem Sie eine oder mehrere Mail-Kopfzeilen für den Download oder das Löschen markiert haben, klicken Sie dort auf **Markierte Kopfzeilen verarbeiten**. Erst jetzt werden Mailinhalt und Dateianlagen vom Mail-Server abgerufen.

Fokus: IMAP-Ordner abonnieren

Bei einem IMAP-Konto (siehe Kapitel 2) werden die Mails auf dem Mail-Server gespeichert und verwaltet. Dazu lassen sich auch lokal in Outlook neue Ordner anlegen, die dann auf dem Server zur Verfügung stehen (vergleiche Outlook-Ordner, Kapitel 9). Damit Ordner des Servers auch in Outlook abgerufen werden, müssen sie „abonniert" werden. So legen Sie fest, auf welche der IMAP-Ordner Outlook lokal auf Ihrem PC zugreift.

1. Um Ordner zu abonnieren, klicken Sie mit der rechten Maustaste in der Navigationsleiste von Outlook auf einen der vorhandenen Ordner, zum Beispiel auf **Posteingang**.
2. Im Kontextmenü wählen Sie **IMAP-Ordner** und klicken auf die Schaltfläche **Abfrage**.
3. Auf der Registerkarte **Alle** sind die abonnierten Ordner mit einem Registersymbol gekennzeichnet. Markieren Sie einen der Ordner, und klicken Sie auf **Abonnnieren** oder **Abo kündigen**, um die Einstellung zu ändern. Bestätigen Sie die Änderungen mit **OK**.

E-Mail-Unterhaltungen

Mails und darauf folgende Antwort-Mails mit demselben oder einem abgeleiteten Betreff können in Outlook als sogenannte „Unterhaltungen“ zusammenhängend verwaltet werden. Die Mails können Sie schon in der Mail-Ansicht nach Unterhaltungen gruppieren lassen: Klicken Sie dazu auf die Registerkarte **Ansicht**, und aktivieren Sie die Option **Als Unterhaltungen anzeigen**. Wählen Sie, ob dies nur für diesen oder für alle Ordner gelten soll.

Eine Unterhaltung erkennen Sie nun in der Mail-Ansicht an einem kleinen weißen Dreieck und dem „Briefumschlagstapel“-Symbol. Ein Klick auf das Dreieck zeigt alle Mails dieser Unterhaltung an. Auf der Registerkarte **Ansicht** können Sie weitere Unterhaltungseinstellungen vornehmen.

In einer Mail, die als Antwort erstellt wurde, werden die Inhalte der vorhergehenden Mails dieser Unterhaltung in der Regel zitiert. So entsteht Redundanz: Die Inhalte liegen in Outlook gleichzeitig als Zitat und in den Original-Mails vor. Mithilfe einer Aufräumen-Funktion können Sie nun die „überflüssigen“ Original-Mails entfernen oder in einen Ordner Ihrer Wahl verschieben. Sie sorgen so für Übersichtlichkeit im Mail-Ordner, beschleunigen die Suche und halten Ihre Outlook-Datendatei etwas schlanker. Das Aufräumen geht so:

TIPP

Unabhängig davon, ob Sie **Dateianlagen** zusätzlich auf der Festplatte speichern, werden diese standardmäßig auch in der Outlook-Datendatei gespeichert, was diese schnell sehr groß werden lässt (siehe auch Kapitel 10). Zusatz-Software von Drittanbietern wie der **AttachmentsManager** können Dateianlagen „auslagern“, ohne dass der Bezug zu den dazugehörigen Mails verloren geht (siehe URL-Box).

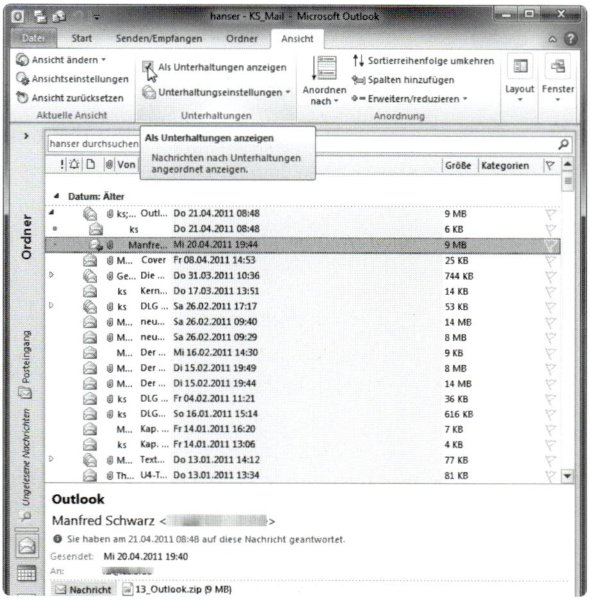

Bild 4.6 Zusammengehörige Mails als Unterhaltung anzeigen

1. Markieren Sie eine Unterhaltung in der Mail-Ansicht, und klicken Sie auf **Start > Aufräumen** (Abschnitt **Löschen**).
2. Wählen Sie **Unterhaltung aufräumen**.
3. Klicken Sie auf **Einstellungen** und prüfen, und ändern Sie bei Bedarf die Einstellungen im Optionen-Abschnitt **Unterhaltungen aufräumen**. Bestätigen Sie mit **OK**.
4. Klicken Sie nun im Dialogfeld **Unterhaltung aufräumen** auf die Schaltfläche **Aufräumen**.

Spam und Junk-Mail

Als Spam („Dosenfleisch") werden massenhaft unverlangt gesendete Mails bezeichnet, die in der Regel Werbung, oft aber auch Schad-Software enthalten.

Ohne laufend verbessserte Spam-Filter auf Seiten der E-Mail-Provider und zusätzliche Filter beim Anwender, in diesem Fall in Outlook, wäre E-Mail heute als seriöses Kommunikationsmittel unbrauchbar, weil die „echten" Nachrichten in der Flut des Mail-Mülls untergehen würden. Spam können Sie zusätzlich reduzieren, wenn Sie folgende Verhaltensregeln beachten:

- Schränken Sie die Verbreitung Ihrer E-Mail-Adresse ein. Geben Sie sie in Foren, Gästebüchern oder Internet-Adressbüchern etc. nur an, wenn dies unbedingt nötig ist.
- Legen Sie zusätzliche Mail-Konten bei kostenlosen Web-Mail-Anbietern an, die Sie nur eine Weile für Einmalzwecke wie Gewinnspiele oder Ähnliches nutzen und dann „stilllegen".
- Blockieren Sie den automatischen Bilder-Download: Über Web-Bilder in Mails kann schon beim Öffnen im Lesebereich dem Absender die Gültigkeit der Mail mitgeteilt werden. Die Option zum Blockieren von Bildern finden Sie unter **Datei > Optionen > Sicherheitscenter > Einstellungen für das Sicherheitscenter > Automatischer Download** (Outlook 2007: **Extras > Vertrauensstellungscenter > Automatischer Download**).
- Senden Sie keine Lesebestätigungen: **Datei > Optionen > E-Mail > Verlauf > Nie eine Lesebestätigung senden** (Outlook 2007: **Extras > Optionen > Einstellungen > E-Mail-Optionen > Verlaufoptionen**).

Outlook bezeichnet Spam als „Junk" („Abfall"). Das Programm verfügt über ausgefeilte Schutzfunktionen, die Sie wie folgt nutzen:

APROPOS

„Die Basis einer gesunden Ordnung ist ein großer Papierkorb."
(Kurt Tucholsky)

1. Öffnen Sie einen Mail-Ordner, und klicken Sie auf der Registerkarte **Start** auf **Junk-E-Mail** (Outlook 2007: **Aktionen > Junk-E-Mail**).
2. Wählen Sie einmal die **Junk-E-Mail-Optionen**. In dem gleichnamigen Dialogfenster wählen Sie auf der Registerkarte **Optionen** den gewünschten Schutz-Level. Auf den Registerkarten **Blockierte Absender** und **Sichere Absender** können Sie explizit E-Mail-Adressen hinzufügen oder entfernen und so Mails von diesen Absendern grundsätzlich blockieren bzw. nicht blockieren. Schließen Sie den Dialog mit **OK**.
3. Um anhand einer einzelnen Mail den Absender zukünftig zu blockieren oder freizugeben, markieren Sie die Mail in der Mail-Ansicht. Wählen Sie dann **Start > Junk-E-Mail > Absender sperren** bzw. **Absender nie sperren**.

Informationsmanagement mit Outlook

Mails gehören zu den wichtigsten Outlook-Elementen. Wenn Ihr Job oder Ihre kontaktfreudige Natur es mit sich bringen, dass Sie täglich viele Mails bekommen, lesen Sie im nächsten Kapitel, wie Sie trotzdem den Überblick behalten. Viele der dort vorgestellten Organisationsfunktionen lassen sich auf andere Outlook-Elemente, wie Kontakte, Aufgaben oder Termine, anwenden.

WEB TAGS

Multi-Tasking
Anti-Viren-Software
Spam-Filter
E-Mail-Vorschau
E-Mail-Management
Zeitmanagement
Outlook Attachments

5 ORDNUNG AUF KNOPFDRUCK: OUTLOOK-DATEN ELEGANT MANAGEN

E-Mails machen nur einen Teil der Daten aus, mit denen Sie es bei Outlook zu tun haben. Hinzu kommen noch Aufgaben, Termine, Kontakte und mehr. Wenn Sie Outlook intensiv nutzen, kommt da schnell eine Menge an Elementen (Datensätzen) und Informationen zusammen, die zum großen Teil noch miteinander verknüpft sind. Zum Glück bietet das Programm viele Funktionen, die Ihnen das „Kanalisieren“ der Informationsflut abnehmen oder Sie zumindest dabei unterstützen. Die Zeit, die Sie in die Beschäftigung mit solchen Ordnungshilfen wie Ordnern, Regeln, Kategorien oder QuickSteps investieren, haben Sie im Handumdrehen wieder heraus.

Nicht nur für Unordentliche: die Suchfunktion

Bevor wir die Ordnungsfunktionen näher vorstellen, werfen wir einen Blick auf den „Retter in der Not“ – die Suchfunktion. Es gibt sogar Stimmen, die behaupten, dass eine leistungsfähige Suchfunktion bei der Computer-Nutzung viele andere Ordnungssysteme überflüssig mache. „Wer sortiert, verliert“ – so lautete der Titel eines Berichts von J. Leffers (siehe URL-Box). Darin wird eine IBM-Studie vorgestellt, die die These unterstützt, dass Ordnungssysteme wie etwa benutzerdefinierte Ordner im Vergleich zur einfachen Suche weniger effizient seien. Das Fazit in Kurzform: Werfen Sie alles in einen großen Ordner und vertrauen Sie im Ernstfall der Suchfunktion! Eine ähnliche Vorgehensweise lässt sich übrigens auch in der Dateiverwaltung praktizieren – dank der leistungsfähigen Suchfunktion von Windows 7 oder Desktop-Suchtools anderer Hersteller (siehe auch DIGITAL*lifeguide* „Organisiert“, Kapitel 8).

Einen ganz anderen Ansatz verfolgen einige Zeitmanagement-Ratgeber, die zum Teil mehrstufige Kategoriensysteme und Ordnerhierarchien empfehlen – etwa zur Umsetzung von „Getting Things Done“ (siehe Kapitel 1). Auch diese Systeme haben offenbar viele zufriedene Anhänger gefunden, obwohl sie eine gewisse Grunddisziplin und Konsequenz voraussetzen.

Wie so häufig, ist die für Sie richtige Methode letztlich wohl eine Typfrage. Im Zweifelsfall entscheiden Sie sich pragmatisch für den „goldenen Mittelweg“: Lernen Sie (auf den folgenden Seiten) alle Möglichkeiten kennen, aber nutzen Sie zunächst nur, was Ihnen kurzfristig hilft, Zeit zu sparen und Übersicht zu gewinnen. Die Suchfunktion bietet also nicht immer, aber oft den kürzesten Weg zum Wesentlichen.

Einfache und erweiterte Suche

Die Suchfunktion von Outlook liefert auch bei riesigen Datenmengen sehr schnell Ergebnisse.

1. Das **Suchfeld** finden Sie immer oben rechts über der jeweiligen Ansicht des Ordners. Sie können es auch mit **Strg + E** aktivieren.
2. Im Suchfeld ist angegeben, welcher Ordner zunächst durchsucht wird. Überschreiben Sie den Text mit Ihrem Suchbegriff oder Ihren Suchbegriffen, und drücken Sie die **Eingabetaste**.
3. Schon während der Eingabe werden die passenden Elemente herausgefiltert und die Suchbegriffe im Lesebereich farbig gekennzeichnet. Klicken Sie auf die **X**-Schaltfläche (**Suche schließen**), um den Filter wieder zurückzusetzen.

Standardmäßig wird nur der gerade geöffnete Ordner durchsucht – wahlweise mit oder ohne Unterordner. Sie können aber auch beispielsweise alle E-Mails einer Datendatei durchsuchen oder sogar alle unterschiedlichen Elemente. Wenn Sie zum Beispiel **alle Outlook-Elemente suchen**, in denen der Begriff „Schwarz“ vorkommt, gehen Sie so vor:

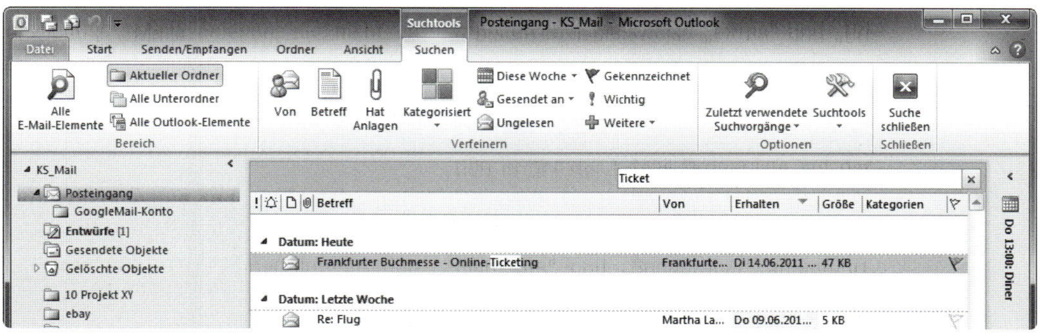

Bild 5.1 Eine Eingabe im Suchfeld aktiviert das Menüband **Suchen**

1. Geben Sie den Suchbegriff ein. Gleichzeitig mit dem Suchfeld wird auch (in Outlook 2010) das Menüband **Suchen** aktiviert (Bild 5.1). Dort klicken Sie im Abschnitt **Bereich** auf **Alle Outlook-Elemente**. Das Durchsuchen aller Elemente kann etwas länger dauern.
2. Sie sehen nun in der Ansicht alle Elemente, die den Suchbegriff enthalten: Mails, Aufgaben, Kontakte, Termine etc. Der jeweilige Elementtyp ist durch ein kleines Symbol dargestellt. Falls immer noch zu viele Elemente gefunden wurden, grenzen Sie die Suche weiter ein, in dem Sie im Menüband **Suchen**, Abschnitt **Verfeinern** weitere Suchkriterien wählen. In Outlook 2007 erhalten Sie die weiteren Suchoptionen durch einen Klick auf den Abwärtspfeil neben dem Suchfeld.
3. Achten Sie dabei auf den Inhalt des Suchfelds. Die Suche wird dort ergänzt in der Form „kriterium: Suchbegriff“. Wenn Sie die Bezeichnung häufig verwendeter Suchkriterien kennen, können Sie diese später auch direkt im Suchfeld eingeben, etwa „thema: digital lifeguide“. Die Fundstellenliste wird noch während der Eingabe aktualisiert.

Suchordner

Zuletzt ausgeführte Suchvorgänge werden standardmäßig gespeichert und lassen sich über diese Schaltfläche im Menüband **Suchen** erneut aufrufen. Wenn Sie bestimmte Sucheingaben für E-Mails häufig benötigen, eignet sich dafür ein **Suchordner**:

1. Klicken Sie im Navigationsbereich mit der rechten Maustaste auf den Eintrag **Suchordner**, und wählen Sie **Neuer Suchordner** (Bild 5.2).
2. Eine Reihe von Suchordnern sind bereits vordefiniert und können schnell aus der Liste gewählt werden. Für weitergehende Anforderungen finden Sie unten in der Liste den Eintrag **Benutzerdefinierten Suchordner** erstellen. Hier können Sie sehr detaillierte Suchkriterien festlegen und speichern.
3. Falls Sie mehrere Datendateien mit Outlook verwalten, wählen Sie die jeweils gewünschte Datendatei für den Suchordner aus.

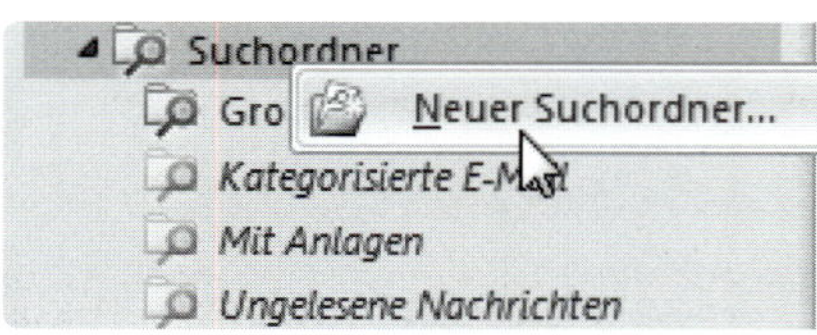

Bild 5.2 Suchordner im Navigationsbereich

Im Navigationsbereich unter **Suchordner** stehen nun alle Ihre Suchordner bereit und können mit einem Mausklick geöffnet werden. Suchordner bieten damit in vielen Fällen eine einfachere Alternative zur Definition eigener Ansichten (siehe unten). Ein weiterer Vorteil: Suchordner können Nachrichten aus mehreren oder allen E-Mail-Ordnern berücksichtigen und bieten damit eine zentrale Übersicht über Ihre elektronische Korrespondenz (Rechtsklick auf den **Suchordner > Diesen Suchordner anpassen... > Durchsuchen**).

TIPP

Sie können das Suchverhalten von Outlook an Ihren Bedarf anpassen (**Datei > Optionen > Durchsuchen**). Die Optionen sind selbsterklärend. Über die Schaltfläche **Indizierungsoptionen** können Sie Windows vorgeben, welche Ordner überhaupt für die schnelle Suche indiziert werden sollen. Wenn Sie dort Ordner herausnehmen, verringern Sie den Speicherbedarf des Suchindex und beschleunigen gegebenenfalls die Suche.

Ansichten

Wie Ihre Mails, Aufgaben, Kontakte etc. in einem Outlook-Ordner angezeigt werden, hängt von der Ansicht ab, die gerade aktiv ist. Eine Ansicht bestimmt, welche Elemente überhaupt aufgelistet sind (Filter), in welcher Reihenfolge sie angezeigt werden (Sortierung), welche Daten jeweils zu einem Element angezeigt werden (Spalten), ob Elemente zum Beispiel nach Zeiträumen oder Kategorien in Gruppen zusammengefasst werden, welche Schriftarten und -größen verwendet werden und vieles mehr.

Für jeden Outlook-Ordner stehen unterschiedliche Ansichten zur Auswahl. Sie können ganz nach Informationsbedarf zwischen den Ansichten wechseln. Wenn Ihnen die mitgelieferten Standardansich-

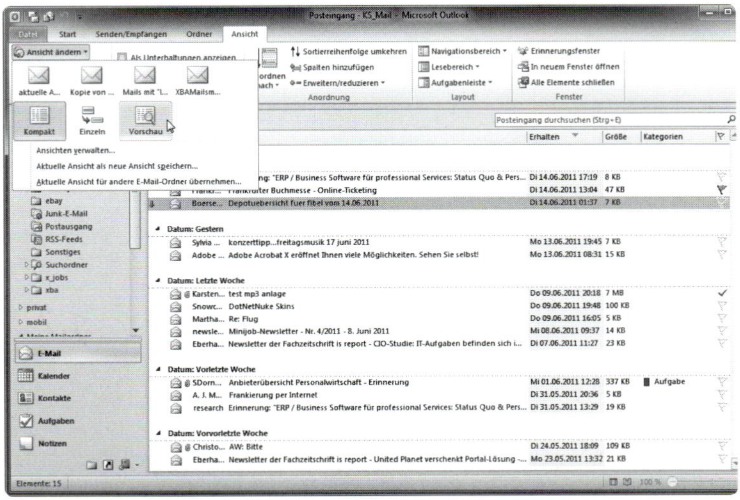

Bild 5.3 Mail-Ansicht (großer Bereich unten) und Auswahl **Ansicht ändern**

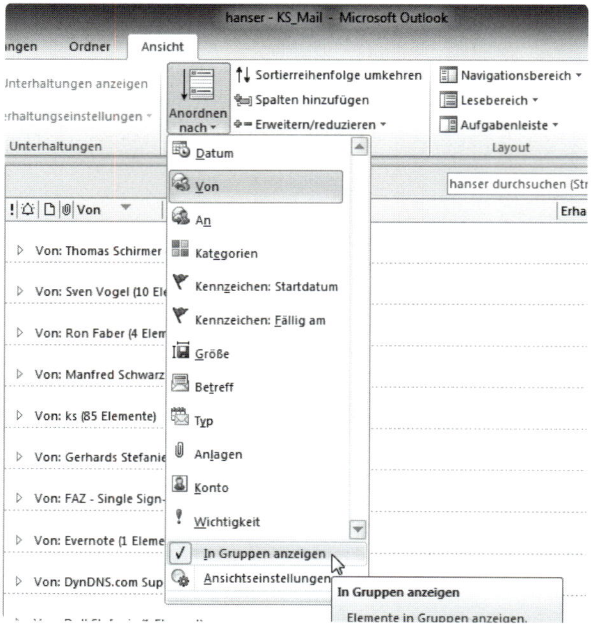

Bild 5.4 Elemente über das Menüband **Ansicht** gruppieren

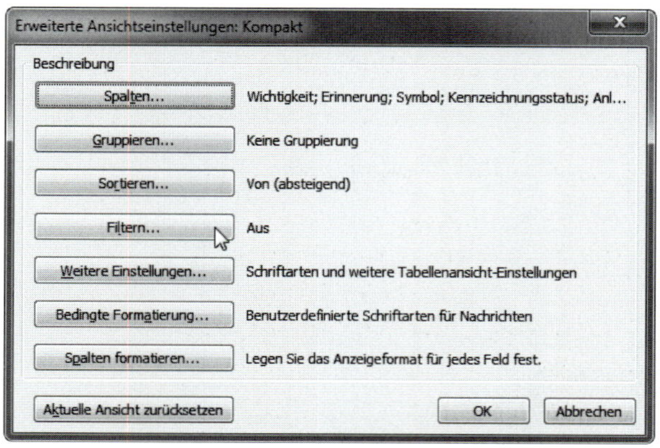

Bild 5.5 Die Bereiche der erweiterten Ansichtseinstellungen

ten nicht genügen, passen Sie sie an, oder richten Sie zusätzliche, selbstdefinierte Ansichten ein.

Sie sehen, Ansichten bieten so weitreichende Möglichkeiten, dass Sie mit ihrer Hilfe Outlook für Ihre Zwecke und nach Ihrem Geschmack maßschneidern können. Der dafür erforderliche Zeitaufwand lohnt sich jedoch nur dann, wenn Sie Outlook intensiv mit einer großen Zahl von Nachrichten, Kontakten, Aufgaben tagtäglich nutzen – oder wenn Sie einfach Spaß daran haben, elegante Lösungen zu finden.

Den meisten Outlook-Nutzern werden die mitgelieferten Standardansichten genügen – eventuell in Kombination mit den oben erwähnten Suchordnern. Dennoch sollten Sie sich einmal für jeden Elementtyp, den Sie in Outlook nutzen (Mails, Aufgaben, Kontakte, Kalender), das Menüband **Ansicht** anschauen und „ausprobieren“ (Bild 5.3). Hier gibt es viele hilfreiche Optionen, die mit wenigen Mausklicks genutzt werden können. Aktivieren Sie zum Beispiel für einen E-Mail-Ordner, der sehr viele Nachrichten enthält, auf der Registerkarte **Ansicht** im Abschnitt **Anordnung** die Gruppierung, indem Sie in der Auswahlliste **Anordnen nach** ein Gruppierungskriterium auswählen (Bild 5.4). Mit wenigen Mausklicks werden Ihre Mails so etwa nach **Datum**, Absender (**Von**), Empfänger (**An**), **Kategorien**, **Größe** oder **Anlagen** zusammengefasst, und Sie gewinnen sofort den Überblick zurück. Auch für Kalender, Aufgaben oder Notizen sind solche gruppierten Ansichten möglich.

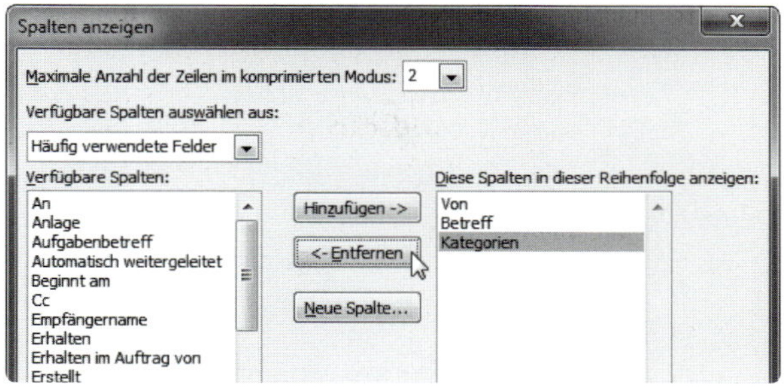

Bild 5.6 Spalten entfernen oder hinzufügen

Die Ansicht ändern

Schauen Sie sich zunächst einmal an, welche Standardansichten für die verschiedenen Outlook-Elemente zur Verfügung stehen. So wechseln Sie die Ansicht:

1. Wählen Sie den gewünschten Ordner im Navigationsbereich.
2. Wählen Sie im Menüband die Registerkarte **Ansicht**, und klicken Sie dort oben links auf die Schaltfläche **Ansicht ändern**.
3. Sie sehen nun die Auswahl der aktuell für diesen Ordner vorhandenen Ansichten. Die Eigenschaften der Standardansichten werden durch entsprechende Symbole veranschaulicht. Klicken Sie auf die gewünschte Ansicht.

Eigene Ansichten definieren

Das Definieren eigener Ansichten ist eigentlich eher etwas für fortgeschrittene „Power-User" von Outlook. Doch um Ihnen Lust auf eigene Versuche zu machen, stellen wir den Ablauf hier einmal an einem einfachen Beispiel vor. Es sollen in einem E-Mail-Ordner nur Nachrichten mit dem Wort „Rechnung" angezeigt werden, sortiert nach Datum, gruppiert nach Absender, nur mit den Feldern **Von** und **Betreff** sowie einer Auto-Vorschau:

1. Öffnen Sie einen Mail-Ordner, und wählen Sie **Ansicht > Ansicht ändern**. Wählen Sie den Menübefehl **Ansicht verwalten...**.
2. Im Dialogfeld **Alle Ansichten verwalten** klicken Sie auf **Neu...** oder auf **Kopieren**, wenn Sie auf eine vorhandene Ansicht aufbauen möchten. Geben Sie einen aussagekräftigen Namen ein, zum Beispiel „Mails mit ‚Rechnung'". Bestätigen Sie mit **OK**.
3. Sie sehen nun die **erweiterten Ansichtseinstellungen** (Bild 5.5), die Sie auch über die Schaltfläche **Ändern...** erreichen. Klicken Sie auf **Spalten...**.
4. Die Ansicht soll nur die Spalten **Von** und **Betreff** enthalten. Klicken Sie in der **rechten Liste** nacheinander auf alle **anderen** Spaltennamen, und dann jeweils auf **Entfernen**.

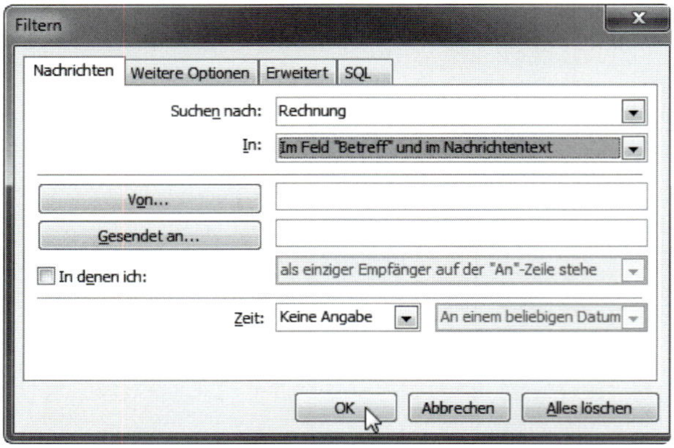

Bild 5.7 Filtern nach dem Text „Rechnung“

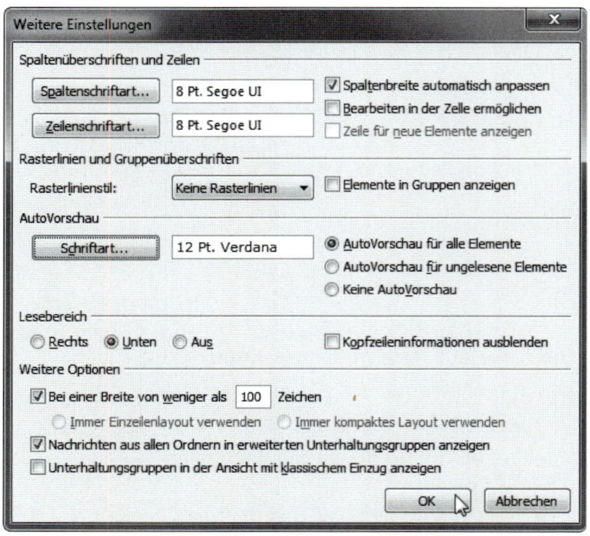

Bild 5.8 Schriftarteinstellung für Ansicht und Vorschau

(Spalten aus der linken Liste könnten Sie hier hinzufügen.). Bestätigen Sie mit **OK** (Bild 5.6).

5. Klicken Sie auf **Gruppieren**. Wählen Sie im Listenfeld **Elemente gruppieren nach** den Eintrag **Von**, und aktivieren Sie **Aufsteigend**. Bestätigen Sie mit **OK**.
6. Wählen Sie **Sortieren... > Sortieren nach > Erhalten > OK**.
7. Klicken Sie auf **Filtern...**. Geben Sie im Feld **Suchen nach** „Rechnung“ ein, und wählen Sie unter **In** den Eintrag **Im Feld „Betreff“ und im Nachrichtentext**. (Tipp für Fortgeschrittene: Auf der Registerkarte **Weitere Optionen** können Sie sehr einfach weitere Filterkriterien wählen, zum Beispiel **Kategorien, gelesen/ungelesen, mit/ohne Anlagen** etc.) Bestätigen Sie mit **OK** (Bild 5.7).
8. Klicken Sie auf **Weitere Einstellungen...**. Legen Sie hier gegebenenfalls die Spalten- und Zeilenschriftarten fest (Bild 5.8), und aktivieren Sie die **AutoVorschau für alle Elemente**. Bestätigen Sie mit **OK**.
9. Schließen Sie die erweiterten Ansichtseinstellungen mit **OK**, und klicken Sie auf **Ansicht übernehmen**, um die neue Ansicht für den aktuellen Ordner zu aktiveren.

Sortierung per Mausklick

Um die Sortierung und die Reihenfolge der Spalten einer Ansicht zu ändern, müssen

Sie diese nicht bearbeiten. Klicken Sie einfach auf einen Spaltennamen (Spaltentitel), um die Elemente nach diesen Werten zu sortieren. Ein weiterer Klick auf denselben Spaltennamen wechselt zwischen auf- und absteigender Sortierung - bei Datumsspalten wie „Erhalten“ chronologisch, bei Textspalten wie „Betreff“ alphabetisch. Ein kleines Dreieck im Spaltentitel zeigt an, dass dies die aktuelle Sortierspalte ist und in welche Richtung sortiert wird (auf- oder absteigend). Die Reihenfolge der Spalten können Sie ändern, indem Sie auf einen Spaltentitel klicken, die Maustaste gedrückt halten und so die Spalte zwischen zwei anderen Spalten ablegen. Um die Änderungen rückgängig zu machen, klicken Sie auf **Ansicht > Ansicht zurücksetzen**. Weitere direkte Änderungsmöglichkeiten haben Sie, wenn Sie mit der rechten Maustaste auf den Spaltentitel klicken. Über das Kontextmenü können Sie Spalten entfernen, Elemente gruppieren und mehr.

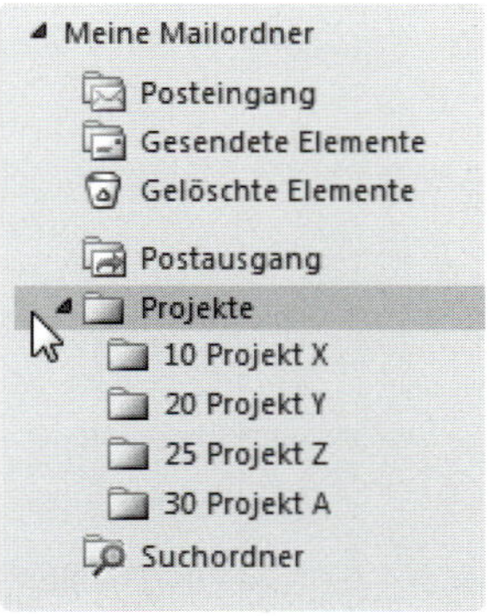

Bild 5.9 E-Mail-Ordner

Ordner

Die Möglichkeit, eigene Ordner oder gar Ordnerhierarchien einzurichten, wird in der Praxis in erster Linie für E-Mails genutzt. Doch auch für Kontakte, Aufgaben und Notizen kann dies sinnvoll sein. Termine organisieren Sie nicht in Ordnern, sondern in Kalendern und Kalendergruppen, die Sie aber wie Ordner anlegen und verwalten.

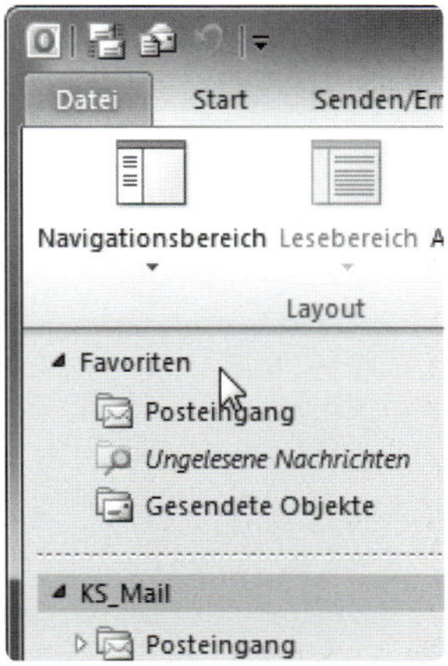

Bild 5.10 Ordner-Favoriten

E-Mail-Ordner

Für E-Mails bringt Outlook einige Standard-Ordner mit (Bild 5.9): den **Posteingang** und **Postausgang**, den Ordner für die von Ihnen **gesendeten Mails** und die bereits erstellten, jedoch noch nicht gesendeten **Entwürfe**. Außerdem gibt es den **Junk-E-Mail**-Ordner für Spam-Mails (siehe Kapitel 4), den Papierkorb namens **Gelöschte Elemente** sowie einige **Suchordner** (siehe oben in diesem Kapitel). Auch für RSS-Feeds - das sind Nachrichten-Abos, die von Websites bereitgestellt werden - ist ein Ordner vorgesehen.

Das alles genügt aber noch nicht für eine effiziente E-Mail-Verwaltung, denn es fehlen Ordner, in die Sie gelesene Mails aus dem Posteingang verschieben können, um diesen übersichtlich zu halten. Schließlich wirkt

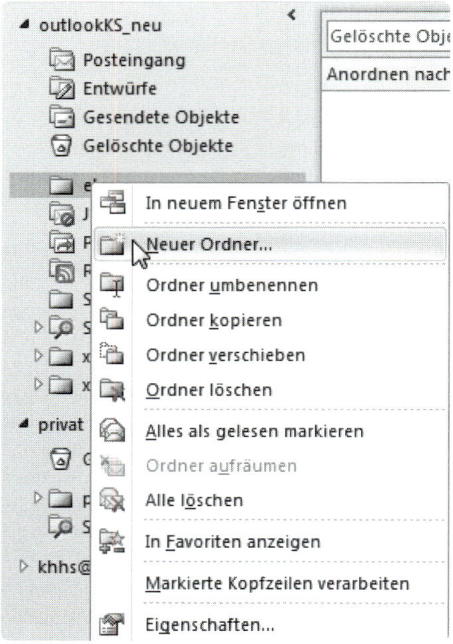

Bild 5.11 Ordneroptionen im Kontextmenü

ein allzu umfangreicher Posteingang ähnlich kontraproduktiv und demotivierend wie ein überquellender Eingangskorb auf Ihrem Schreibtisch. Im Idealfall bearbeiten Sie schon beim ersten Sichten oder Lesen neuer Mails diese nach Ihrem jeweiligen System.

Bei der Eisenhower- oder GTD-Methode sieht das in etwa so aus: Wenn möglich, beantworten Sie die Mail oder erledigen die Aufgabe sofort, oder Sie verschieben sie mit einer entsprechenden Kennzeichnung (Kategorie oder Nachverfolgung) in den passenden Projektordner oder in einen Prioritätenordner, oder Sie archivieren die Mail in entsprechenden Ordnern. Die übrigen, unwichtigen Mails sollten Sie gleich löschen.

Dafür benötigen Sie also zusätzliche Ordner und Unterordner, die Sie in Outlook leicht anlegen können. Doch bevor Sie damit anfangen, nehmen Sie sich einen Moment Zeit, um ein stringentes Ordnersystem auf dem Papier zu entwerfen. Berücksichtigen Sie dabei auch, dass Outlook zusätzliche Ordnungsmittel wie Farbkategorien (siehe unten), Ansichten und Filter (siehe oben) sowie eine gute Suchfunktion bietet. Ordner lassen sich zwar auch später noch jederzeit hinzufügen, entfernen oder verschieben. Allerdings kann dann das Umsortieren der vorhandenen E-Mails aufwendig sein – deshalb sollte die Ordnerstruktur frühzeitig „stehen“.

Beispielsweise liegt es nahe, private und berufliche Mails in unterschiedlichen Ordnern (oder Datendateien, siehe Kapitel 10) abzulegen. Im privaten Bereich sind vielleicht Unterordner nach Ihren Lebensbereichen – Kinder, Freunde, Verein, Haus und Finanzen – sinnvoll. Bei den beruflichen Mails bietet sich eine projekt- oder kundenbezogene Ordnerstruktur an (Bild 5.5). Wenn Sie so vorgehen, können Sie zusätzlich die Art, Priorität oder Dringlichkeit Ihrer Mail innerhalb der Ordner durch Farbkategorien kennzeichnen.

Die Sortierung der Unterordner erfolgt immer in alphabetischer Reihenfolge. Doch mit einem Trick können Sie das beeinflussen: Stellen Sie den Ordnernamen Präfixe voran, um die Sortierung selbst zu bestimmen, zum Beispiel: „01 Projekt X“, „02 Projekt A“. Über das Kontextmenü können Sie auch vorhandene Ordner jederzeit umbenennen, eventuelle Regeln für diesen Ordner werden automatisch angepasst (Bild 5.11). Die Ordner-Favoriten (siehe Tipp) lassen sich dagegen mit der Maus beliebig anordnen.

Die Mails verschieben Sie einfach im Drag-and-Drop-Verfahren (mit gedrückter Maustaste) in andere Ordner. Mit Hilfe von Regeln (siehe unten) können Sie dies jedoch auch automatisieren, so dass Outlook etwa eingehende Mails von bestimmten Absendern oder mit bestimmten Worten im Betreff sofort in entsprechende Ordner sortiert.

TIPP

Die **Favoriten** unter Ihren E-Mail-Ordnern können Sie oben im Navigationsbereich zusätzlich anzeigen (Bild 5.10). So erhalten Sie darauf einen schnellen Zugriff, ohne sich durch die Ordnerhierarchie klicken zu müssen. Wählen Sie **Ansicht > Navigationsbereich**, und aktivieren Sie **Favoriten**. Ziehen Sie dann einfach Ihre wichtigsten E-Mail-Ordner bei gedrückter Maustaste in diesen Bereich.

Ordner anlegen und verwalten

1. Öffnen Sie im Menüband die Registerkarte **Ordner**. Klicken Sie auf **Neuer Ordner**.
2. Geben Sie den **Namen** des Ordners ein (Bild 5.12). Denken Sie daran, beispielsweise eine zweistellige Ziffernfolge voranzustellen, um damit die Ordnersortierung bestimmen zu können, also beispielsweise: „10 Projekt XY“.
3. Wählen Sie im Listenfeld **Ordner enthält Elemente des Typs**, welche Daten Sie in diesem Ordner ablegen wollen.
4. Die Liste **Ordner soll angelegt werden unter** entspricht Ihrer bisherigen Ordnerliste. Klicken Sie dort auf den Eintrag, unter dem der neue Ordner angelegt werden soll. Wenn beispielsweise ein E-Mail-Ordner auf derselben Ebene wie der Posteingang angelegt werden soll, klicken Sie auf den ersten Eintrag der Liste (über **Posteingang**). Um einen Unterordner (Hierarchie) anzulegen, klicken Sie auf den gewünschten übergeordneten Ordner.

TIPP

Ordner mit Webseite: Die **Outlook-Heute-Seite** kennen Sie – das ist gewissermaßen eine „lokale Webseite“. Sie können Ihren eigenen Ordnern auch Webseiten aus dem Intranet oder Internet zuweisen, etwa die SharePoint-Startseite Ihrer Abteilung. Geben Sie dazu in den Ordner-Eigenschaften unter **Homepage** die (Web-)Adresse ein.

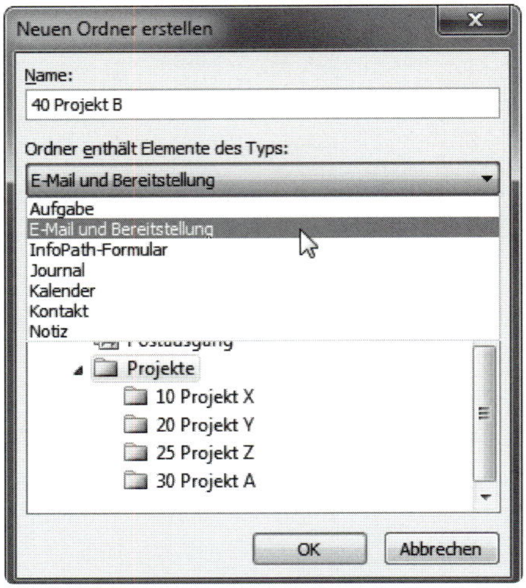

Bild 5.12 Anlegen eines E-Mail-Ordners

5. Bestätigen Sie die Angaben mit **OK**.
6. Um einen **Ordner zu löschen, umzubenennen, zu kopieren oder zu verschieben**, klicken Sie in der Ordnerliste mit der rechten Maustaste darauf, und wählen Sie den zugehörigen Befehl im **Kontextmenü** (Bild 5.11).

Kategorien

Mit den Outlook-Kategorien bringen Sie Farbe ins Spiel – jede Kategorie hat eine eigene Farbe, die Ihnen hilft, entsprechende Elemente in Outlook schnell zu erkennen (Bild 5.13). Die Kategorien sind ein äußerst effizientes Ordnungsmittel, das oft unterschätzt wird und zu Unrecht ungenutzt bleibt.

Ein großer Vorteil der Kategorien liegt darin, dass das Kategoriensystem für alle Outlook-Elemente zur Verfügung steht: E-Mails, Aufgaben, Termine, Kontakte und Notizen. Einer Kategorie „Sport“ beispielsweise können Sie sowohl Ihren Squash-Partner-Kontakt als auch die Spieltermine sowie die E-Mails vom Squash-Center zuordnen.

Kategorien eignen sich hervorragend, um E-Mails oder Aufgaben etwa nach dem Eisenhower-Prinzip als „wichtig“, „dringend“ oder „wichtig und dringend“ zu unterscheiden und zu kennzeichnen. Wenn Sie entsprechende Ansichten einrichten, die Elemente nach solchen Kategorien filtern oder gruppieren, schaffen Sie auf einfache Weise mit Outlook ein sehr effizientes Zeitmanagement.

Kategorien, die Sie nicht benötigen, auch die voreingestellten, sollten Sie löschen, damit die wichtigen Kategorien umso schneller zugeordnet werden können.

1. Zur Verwaltung Ihrer Kategorien, die bei Outlook auch als „Farbkategorien“ bezeichnet werden, klicken Sie im Menüband **Start** auf die Schaltfläche **Kategorisieren** und dann unten auf den Befehl **Alle Kategorien**.
2. In dem so geöffneten Dialog **Farbkategorien** klicken Sie auf **Neu...** und geben dann jeweils einen aussagekräftigen Namen, eine Farbe und bei Bedarf eine Tastenkombination für die neue Kategorie an.

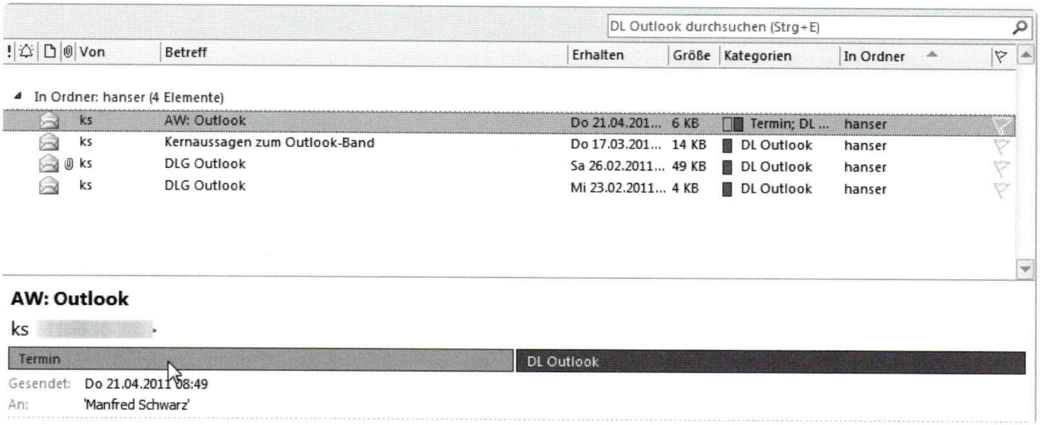

Bild 5.13 Ansicht eines Suchordners für Kategorie „DL Outlook“ – mit Kategorienfarbe in Ansicht und Mailkopf

3. Im Dialogfeld **Farbkategorien** markieren Sie eine Kategorie, um deren Namen oder Farbe zu ändern oder die Kategorie zu löschen (Bild 5.14).

Schnellklick

Die Kategorie, die Sie am häufigsten verwenden, sollten Sie als **Schnellklick** definieren (**Kategorisieren** > **Schnellklick festlegen**). So genügt beispielsweise in der Ansicht der E-Mails ein Klick in der Zeile der Mail auf die Spalte **Kategorien**, um die Mail entsprechend zu kennzeichnen.

Alle anderen Kategorien lassen sich einem oder mehreren Elementen, die Sie in einer Ansicht markiert haben, am schnellsten über die Tastenkombination oder über das Kontextmenü zuweisen (**Rechtsklick** > **Kategorisieren** > **Kategorie**).

Die im folgenden Abschnitt vorgestellten Regeln können Sie so definieren, dass Outlook E-Mails anhand bestimmter Eigenschaften automatisch einer Kategorie zuordnet.

Und zu guter Letzt können E-Mails auch mit den unten vorgestellten, neuen QuickSteps schnell kategorisiert werden.

Mit Regeln E-Mails automatisch verarbeiten

Mit Hilfe von Regeln kann Outlook automatisch E-Mails sortieren und verarbeiten. Mit Regeln können Sie sehr viel Zeit sparen und gleichzeitig sicherstellen, dass Ihnen keine wirklich wichtigen Nachrichten entgehen.

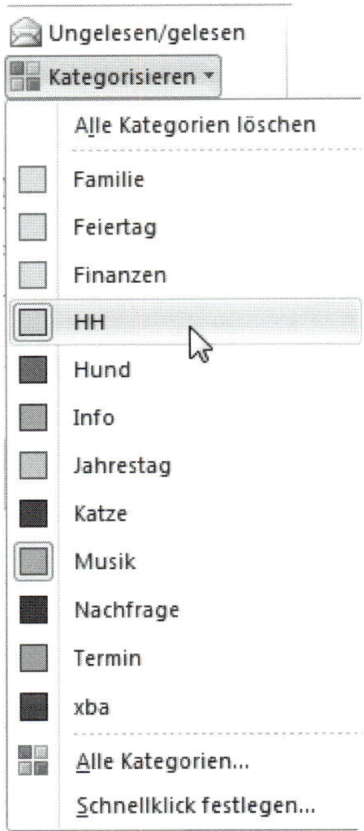

Bild 5.14 Farbkategorien

Ganz besonders in Kombination mit eigenen Ordnern und Kategorien sind Regeln extrem effizient.

Regeln lassen sich auf eingehende, ausgehende, aber auch auf bereits vorhandene Mails anwenden. Sie können E-Mails automatisch in bestimmte Ordner verschieben, löschen, als gelesen markieren, kategorisieren, weiterleiten und vieles mehr. Außerdem haben Sie die Möglichkeit, sich von Outlook auf den Eingang einer bestimmten Nachricht – etwa von einem bestimmten Absender oder mit einem definierten Wort in der Betreffzeile – mit einer Desktopbenachrichtigung oder einem Sound hinweisen zu lassen.

Regeln funktionieren nach folgendem Schema: Prüfe, ob die Nachricht eine oder mehrere Bedingungen erfüllt, wenn ja, führe eine oder mehrere Aktionen aus.

Viele Bedingungskriterien und Aktionen stehen zur Auswahl, sodass sich bei geschickter Kombination selbst komplizierte Bearbeitungsvorgänge automatisieren lassen. Das Anlegen solcher komplexen Regeln lohnt sich natürlich nur bei sehr hohem Nachrichtenaufkommen.

Einfache Regel anhand einer Mail erstellen

Eine einfache Regel mit den am häufigsten genutzten Optionen lässt sich schnell anhand einer konkreten Mail in Ihrem Posteingang erzeugen:

1. Klicken Sie mit der rechten Maustaste auf die Mail im Posteingang, und wählen Sie im Kontextmenü **Regeln > Regeln erstellen...**.
2. Das Dialogfeld **Regel erstellen** enthält zwei Abschnitte, in denen Sie jeweils mindestens eine Option aktivieren. Im oberen Abschnitt legen Sie die Bedingung für die Anwendung der Regel fest, wobei die Eigenschaften der oben gewählten Mail voreingestellt sind. Den **Betreff** können Sie ändern – beispielsweise auf einen Begriff reduzieren, sodass auch Mails mit ähnlichem Betreff von der Regel berücksichtigt werden. Der Empfänger lässt sich ändern, wenn die Ausgangs-Mail mehrere Empfänger hat.
3. Im Abschnitt **Folgendes ausführen** wählen Sie eine Benachrichtigung über eine Meldung und/oder eine beliebige Sounddatei von Ihrem PC. Außerdem können Sie die Mail automatisch in einen Ordner verschieben lassen.

4. Bestätigen Sie mit **OK**. Geben Sie abschließend an, ob die neue Regel sofort auf alle Mails im Ordner angewendet werden soll.

Erweiterte Regel-Optionen, Regeln verwalten

Mit erweiterten Regel-Optionen lassen sich weitere Bedingungen und Aktionen kombinieren.

1. Wählen Sie **Start > Regeln > Regeln und Benachrichtigungen verwalten** (Outlook 2007: **Extras > Regeln und Benachrichtigungen**).
2. Auf der Registerkarte **E-Mail-Regeln** klicken Sie auf **Neue Regel...**.
3. Sie sehen nun den **Regel-Assistenten**, der Sie schrittweise durch die „Programmierung“ führt (Bild 5.15). Wählen Sie in **Schritt 1** zunächst den allgemeinen Zweck der Regel. Im **2. Schritt** ist die Regel im Klartext formuliert, wobei die Variablen blau dargestellt sind. Klicken Sie nacheinander auf alle Variablen, und geben Sie in den daraufhin eingeblendeten Dialogfenstern den oder die gewünschten Werte ein. Beispiel: Sie klicken auf **einer Person/öffentlichen Gruppe** und geben dann im Dialog **Regel-Adressen**, im Feld **Von ->**, die Absenderadressen ein, für die diese Regel gelten soll.
4. Klicken Sie im Regel-Assistenten auf **Weiter**.
5. Sie können nun das Grundgerüst Ihrer Regel durch (beliebig viele) **zusätzliche Bedingungen** erweitern. Nur E-Mails, die alle hier gewählten Bedingungen erfüllen, werden verarbeitet. Einige Bedingungen enthalten wieder

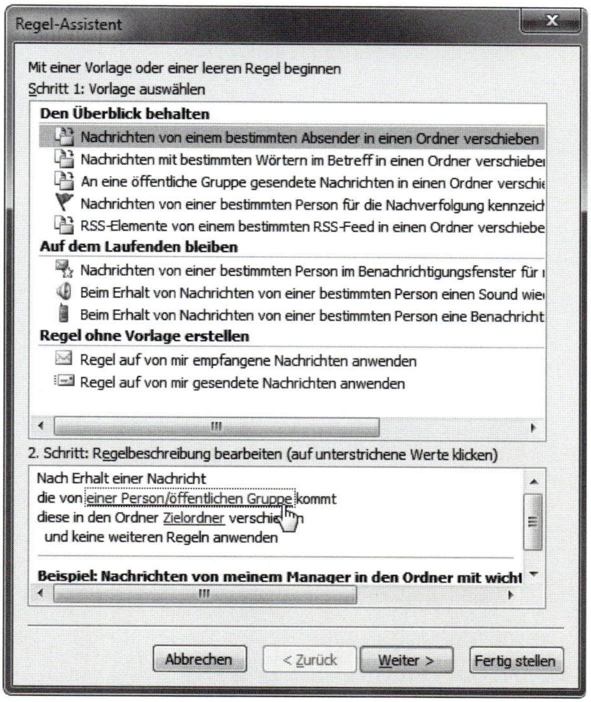

Bild 5.15 Der Assistent führt Schritt für Schritt zur neuen Regel

Variablen, für die Sie wie im vorhergehenden Schritt Werte eingeben. Bestätigen Sie erneut mit **Weiter**.

6. Im nächsten Schritt können Sie Ihrer Regel (beliebig viele) **weitere Aktionen** hinzufügen, die auf die Mails angewendet werden sollen. Auch die Aktionen enthalten häufig Variablen, die Sie spezifizieren müssen. Die Aktion **keine weitere Regeln anwenden** sollten Sie im Zweifelsfall immer aktivieren, um zu vermeiden, dass Regeln sich gegenseitig aufheben. Bestätigen Sie erneut mit **Weiter**.
7. Sie können nun bei Bedarf auf die gleiche Weise **Ausnahmen** hinzufügen, die von der Regel unberücksichtigt bleiben. Bestätigen Sie mit **Weiter**.
8. Im letzten Schritt geben Sie einen Namen für die neue Regel ein und legen fest, ob die Regel aktiviert werden soll. Eine Regel kann weitreichende Auswirkungen auf Ihre Mails und Ordner haben, so können etwa Mails endgültig gelöscht werden. Sie sollten deshalb die Regelbeschreibung sorgfältig prüfen. Klicken Sie schließlich auf **Fertig stellen**.

Im Dialogfeld **Regeln und Benachrichtigungen** verwalten Sie auch Ihre vorhandenen Regeln. Vergessen Sie nicht, nach Änderungen jeweils auf die Schaltfläche **Übernehmen** zu klicken.

- Über das **Kontrollkästchen** in der linken Spalte **aktivieren oder deaktivieren** Sie Regeln. Sie können also eine Regel außer Kraft setzen, ohne sie zu löschen.
- Häufig ist die **Reihenfolge der Regeln** wichtig, weil meistens keine weiteren Regeln auf dieselben Elemente angewendet werden (siehe oben, Schritt 6). Die Reihenfolge ändern Sie, indem Sie eine Regel in der Liste markieren und diese dann mit Klicks auf die grauen **Pfeilsymbole** nach oben oder unten verschieben.
- Über den Befehl **Optionen** können Sie Regeln exportieren und importieren, um sie zwischen verschiedenen Outlook-Installationen oder Benutzern auszutauschen.
- Über **Regel ändern** können Sie die **Regeldefinition bearbeiten**, die Regel **umbenennen** oder schnell weitere Stardardaktionen hinzufügen.

SPARTIPP

Richten Sie sich einen **Suchordner** mit Ihren zur Nachverfolgung gekennzeichneten E-Mails ein, um diese im Überblick zu haben: Rechter Mausklick auf **Suchordner** im Navigationsbereich **> Neuer Suchordner > Zur Nachverfolgung gekennzeichnete E-Mails**.

QuickSteps

Die QuickSteps gibt es erst seit Outlook 2010. Wie Regeln können auch QuickSteps – nur für Mails – mehrere Verarbeitungsschritte zusammenfassen. Im Unterschied zu den Regeln werden QuickSteps aber nicht automatisch ausgeführt, sondern werden per Mausklick oder Tastenkombination aufgerufen.

Ein typischer Ablauf könnte so aussehen: Sie markieren eine Reihe von Nachrichten in einem Mail-Ordner und wählen den gewünschten QuickStep aus der Auswahlliste im Menüband **Start**. Der QuickStep setzt nun bespielsweise die markierten Nachrichten auf den Status „gelesen", weist eine Kategorie zu und leitet sie weiter an Ihren Kollegen in der Auftragsbearbeitung.

Was sonst eine Vielzahl von Klicks und „Handgriffen" erfordert hätte, erledigen Sie also mit einem QuickStep für alle ausgewählten Nachrichten mit einem einzigen Mausklick oder einer Tastenkombination.

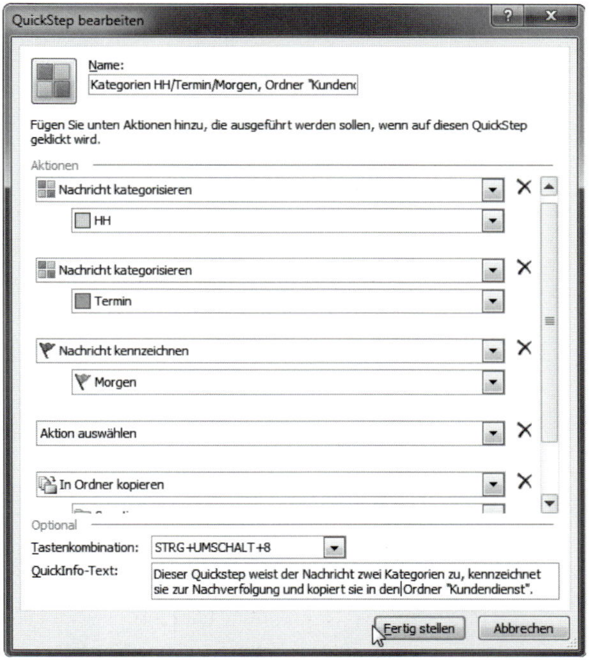

Bild 5.16 Mehrere Aktionen in QuickSteps zusammenfassen

Und so legen Sie einen QuickStep mit mehreren Aktionen an:

1. Klicken Sie mit der rechten Maustaste auf eine beliebige Mail, und wählen Sie im Kontextmenü **QuickSteps > QuickSteps verwalten...**.
2. Einige QuickSteps sind bereits vordefiniert. QuickSteps, die Sie nicht benötigen, sollten Sie aus der Liste löschen, um die Übersicht zu behalten (Bild 5.16).
3. Für die Neuanlage klicken Sie auf **Neu** und wählen die erste der gewünschten Aktionen aus.
4. Im Dialogfeld **Erstes Einrichten** ändern Sie gegebenenfalls den Namen und prüfen, ob die voreingestellten Aktionen bereits genügen. Wenn nicht, klicken Sie auf **Optionen**, um weitere Aktionen hinzuzufügen.

5. Im Dialogfeld **QuickStep bearbeiten** können Sie Aktionen löschen, indem Sie auf das **X**-Symbol klicken. Um eine **Aktion hinzuzufügen**, klicken Sie auf die entsprechende Schaltfläche und wählen die gewünschte Aktion aus dem Listenfeld. Einige Aktionen erfordern weitere Angaben, etwa einen Empfänger bei der Weiterleitung, eine Kategorie, einen Ordner etc. Für einige Aktionen wie die Weiterleitung haben Sie zusätzliche Detailoptionen, die Sie durch Klick auf **Optionen** einblenden.
6. Erfassen Sie auf diese Weise alle benötigten Aktionen für diesen QuickStep.
7. Wenn Sie den QuickStep häufig nutzen, sollten Sie dafür auch eine **Tastenkombination** aus dem Listenfeld wählen.
8. Klicken Sie schließlich auf **Speichern**.
9. Im Dialogfeld **QuickSteps verwalten** können Sie mit Hilfe der Pfeilschaltflächen die Reihenfolge ändern. Dies ist sinnvoll, weil bei einem kleineren Outlook-Fenster nur die ersten QuickSteps auf dem Menüband **Start** direkt sichtbar und wählbar sind.

Bild 5.17 Nachverfolgung

Kennzeichen zur Nachverfolgung

Besonders wichtige Mails, Aufgaben oder Kontakte lassen sich mit einem oder zwei Klicks zur Nachverfolgung kennzeichnen, indem Sie auf der Registerkarte **Start** im Abschnitt **Kategorien** oder im Kontextmenü **Zur Nachverfolgung** anklicken (Outlook 2007: Fähnchen-Symbol in der Menüleiste). Dabei können Sie bei Bedarf auch gleich eine Frist setzen, etwa **heute, diese Woche** oder bis zu einem **benutzerdefinierten Datum**. Die Kennzeichen zur Nachverfolgung sind sehr wirkungsvoll, denn die so gekennzeichneten Elemente sind in Ihren Ansichten auf den ersten Blick an einem kleinen **Fähnchen-Symbol** zu erkennen. Außerdem erscheinen die terminierten Elemente in der Aufgabenliste (Bild 5.17).
Standardmäßig erinnert Outlook Sie an die fälligen Termine aus der Nachverfolgung. Sie haben damit eine Art automatische Wiedervorlage.

URL

Outlook-Regeln für Profis:

- http://office.microsoft.com/de-de/outlook-help/verwalten-von-nachrichten-mithilfe-von-regeln-HA010096803.aspx

Ob und wann diese Erinnerung erfolgt und mit welchem Text oder Sound, können Sie im Einzelfall selbst bestimmen. Dazu markieren Sie das Element und wählen **Start > Zur Nachverfolgung > Erinnerung hinzufügen**.

Um die Einstellungen für eine Nachverfolgung zu ändern – etwa um eine Fälligkeit zu verschieben – klicken Sie mit der rechten Maustaste auf das Fähnchen-Symbol und wählen die gewünschte Einstellung im Kontextmenü. Hier können Sie die Aufgabe auch als „erledigt" kennzeichen oder das Nachverfolgungskennzeichen löschen.

TIPP

Automatische Antworten, zum Beispiel während der Urlaubszeit, lassen sich über entsprechende Regeln erzeugen. Dies setzt aber voraus, dass Ihr Rechner mit Outlook während Ihrer Abwesenheit eingeschaltet oder dass die Mails über einen Exchange-Server verwaltet werden. Als Alternative bietet sich die Funktion **Autorespond** an, die viele Mail-Provider anbieten. Wenn Sie ein Webmail-Konto haben, schauen Sie dort in den Kontoeinstellungen nach dieser Funktion.

Pflegen Sie Ihre Kontakte

Sie sehen, mit Outlook haben Sie auch große Datenmengen im Griff. Doch das gilt bei Weitem nicht nur für E-Mails. In den folgenden Kapiteln lernen Sie die ebenso wichtigen anderen Datentypen kennen, die Outlook „beherrscht". Den Anfang macht im folgenden Kapitel die Kontaktverwaltung, die weit über ein Adressbuch hinausgeht.

WEB TAGS

Kategorien
Outlook-Ordner
Desktop-Suche
Autorespond
Zeitmanagement
GTD mit Outlook
Windows Such-Index
Eisenhower-Methode

6 VIEL MEHR ALS ADRESSEN: KONTAKTMANAGEMENT MIT OUTLOOK

Als zentrale Sammelstelle für alle Ihre Adress- und Kontaktdaten ist Outlook ideal geeignet. Das gilt also nicht nur für E-Mail-Kontakte, sondern auch für solche, mit denen Sie „nur" über die gute, alte Briefpost oder das Festnetztelefon kommunizieren. Auch die Kontaktdaten, die Sie auf Ihrem Handy oder Smartphone nutzen, lassen sich mit Outlook pflegen, abgleichen und mit dem mobilen Gerät synchronisieren (siehe Kapitel 10). Und nicht zuletzt können Sie Kontakte aus sozialen Netzwerken wie Facebook & Co. in Outlook einbinden und aktualisieren.

Organisieren Sie Ihre Kontakte in Ordnern und Gruppen, beispielsweise für „Beruf", „privat", „Verein" etc. Ein derart perfekt organisiertes elektronisches Adressbuch lässt sich vielfältig nutzen: Schreiben Sie Mails an einzelne oder Gruppen von Empfängern. Schreiben Sie Briefe oder gar Serienbriefe mit Word. Lassen Sie sich Adressen auf Mausklick in einer Karte anzeigen. Drucken Sie Listen mit Telefonnummern oder Adressen für die Urlaubsreise. Geben Sie Ihre Adresse als elektronische Visitenkarte weiter. Sie können sogar, mit einer geeigneten Telefonanlage, von Outlook eine Telefonnummer wählen lassen oder bei eingehenden Anrufen automatisch die Anruferdaten anzeigen.

Aufgaben und Termine, die Sie in Outlook verwalten (siehe folgende Kapitel), lassen sich direkt mit Kontakten verknüpfen. So haben Sie jederzeit mit wenigen Klicks alle relevanten Daten zur Hand bzw. erhalten schnell einen Überblick über alle mit einem Kontakt verbundenen Aktivitäten.

Sie sind vermutlich längst überzeugt, dass Outlook das perfekte elektronische Adressbuch ist, also: Auf geht's!

TIPP

Schnelltasten: Die **Kontaktansicht** öffnen Sie am schnellsten mit der Tastenkombination **Strg + 3**. Das gibt es auch für **E-Mail** (**Strg+1**), **Kalender** (**Strg+2**), **Aufgaben** (**Strg+4**) und **Notizen** (**Strg +5**).

Kontaktdaten sammeln

Kontaktdaten können aus vielen Quellen stammen, die im Folgenden vorgestellt werden.

Bild 6.1 Kontaktdaten aus einer Signatur kopieren

Kontakte aus E-Mails, Signaturen oder vCards erzeugen

Aus E-Mails lassen sich auf verschiedene Weise Kontakte „gewinnen“:

Absender: Besonders einfach ist es, den Absender einer E-Mail als Kontakt hinzuzufügen: Klicken Sie in der geöffneten Mail mit der rechten Maustaste auf den Absender (**Von:**), und wählen Sie im Kontextmenü **Zu Outlook-Kontakten hinzufügen**. Anschließend ergänzen Sie gegebenenfalls weitere Daten im Kontaktformular. Dieser Weg funktioniert auch mit den E-Mail-Adressen der Mail-Felder **An:** und **CC:**.

Signatur: Falls die E-Mail Adressdaten in einer Signatur enthält, lassen sich diese leider nicht mit einem Mausklick in den Kontakt übernehmen. Diese Daten müssen einzeln aus der Signatur in die Kontaktfelder kopiert werden. Am schnellsten geht das, indem Sie einfach die Mail aus der Mail-Ansicht mit gedrückter Maustaste auf den Kontakte-Ordner ziehen und „ablegen“. Die Mail wird damit in einem neuen Kontakt im Notizenfeld eingefügt (Bild 6.1). Löschen Sie dort den Mail-Inhalt mit Ausnahme der Signaturdaten. Nun können Sie durch Kopieren (**Strg + C**) und Einfügen (**Strg + V**) die Daten aus dem Notizfeld auf die entsprechenden Kontaktfelder verteilen.

vCard: Bekommen Sie eine E-Mail mit einer vCard als Anlage (eine Datei mit der Endung .vcf), ist es wiederum besonders einfach, daraus einen Kontakt zu erzeugen: Führen Sie einen Doppelklick auf die Mail-Anlage aus. Die Daten aus der vCard

SPARTIPP

Um Firmendaten für **mehrere Ansprechpartner einer Firma** nicht mehrfach erfassen zu müssen, öffnen Sie einen vorhandenen Firmenkontakt und wählen dann **Speichern und neuer Kontakt > Kontakt in dieser Firma**.

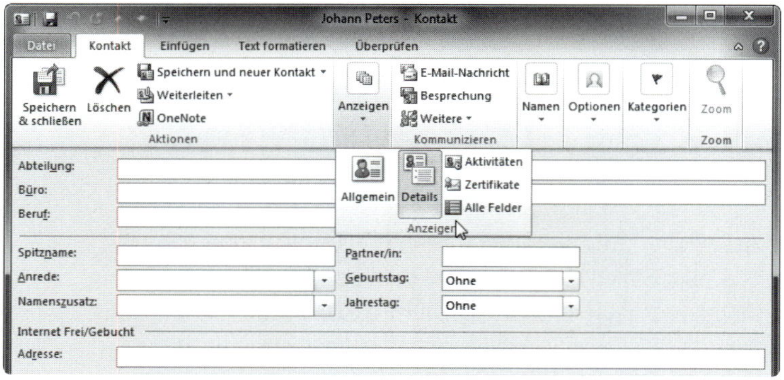

Bild 6.2 Weitere Kontaktdetails

werden als neuer Kontakt angezeigt, den Sie nur noch mit **Speichern und schließen** sichern müssen.

Standard-Kontaktdaten

Trotz aller Importmöglichkeiten werden Sie aber viele Kontakte noch manuell erfassen oder zumindest ergänzen müssen. Das **Kontakt**-Dialogfeld bietet standardmäßig Datenfelder für eine Vielzahl von Informationen zu jedem Kontakt. Unter anderem stehen zur Verfügung: mehrere **postalische Adressen**, mehrere **E-Mail-Adressen**, **Telefonnummern**, **Fotos** und das **Notizfeld** mit allen Gestaltungsmöglichkeiten, die Sie auch von den anderen Outlook-Elementen kennen.

Name: Sie können Anrede, Vorname und Name direkt in das Feld eintippen. Wenn Sie nicht sicher sind, in welcher Reihenfolge die Daten korrekt erfasst werden, klicken Sie auf die Schaltfläche **Name...**, um den Prüfdialog zu öffnen.

Kontaktbild: Klicken Sie einmal auf die Kontaktbildfläche, um eine Bilddatei auszuwählen.

Speichern unter: Diese Auswahl ist insbesondere für die spätere Sortierung wichtig und sollte für alle Kontakte einheitlich gewählt werden. Die Standardreihenfolge für Namen und Sortierung kann in den Outlook-Optionen im Abschnitt **Kontakte** festgelegt werden.

E-Mail: Ist die E-Mail-Adresse eventuell bereits bekannt, weil von dem Kontakt E-Mails eingegangen sind, klicken Sie auf die Schaltfläche **E-Mail**, und wählen Sie die Adresse aus einem der Adressbücher, beispielsweise aus den **vorgeschlagenen Kontakten** aus. Sie können standardmäßig drei E-Mail-Adressen je Kontakt erfassen, in dem Sie auf die kleine Pfeilschaltfläche neben dem E-Mail-Feld klicken.

Telefonnummern: Die Telefonnummern sollten Sie jeweils über einen Klick auf die entsprechende Schaltfläche in dem Prüfdialog erfassen. So stellen Sie sicher, dass die Schreibweise korrekt ist und den Konventionen entspricht, die zum Beispiel für Visitenkarten oder eine Synchronisierung mit dem Mobiltelefon wichtig sind.

Adressen: Auch hier können Sie wieder über die Schaltfläche **Privat** bzw. **Geschäftlich** am einfachsten korrekte, vollständige Adressen erfassen.

Weitere Kontaktdaten

Outlook stellt eine Reihe zusätzlicher Kontaktdatenfelder bereit (Bild 6.2). Die Daten können Sie später in entsprechenden Ansichten oder Auswertungen nutzen:

1. Klicken Sie auf **Kontakt > Anzeigen**, und wählen Sie **Details**.
2. Erfassen Sie hier weitere Angaben.
3. Wenn Sie das **Geburtsdatum oder den Jahrestag** zu einem Kontakt eingeben, wird automatisch ein entsprechender Ereignis-Eintrag in Ihrem Kalender erzeugt (siehe auch Kapitel 7).
4. Alle verfügbaren Kontaktfelder erreichen Sie über **Kontakt > Anzeigen > Alle Felder**. Im Listenfeld **Auswählen aus** wählen Sie zunächst die Feldgruppe.
5. Die Daten werden in Tabellenform dargestellt und können jeweils direkt in der Spalte **Wert** eingegeben bzw. bearbeitet werden.

Eigene Datenfelder hinzufügen

Die Kontaktdaten sind „ab Werk“ bereits sehr umfangreich, und doch gibt es häufig Anwendungen, die individuelle Felder erfordern. So könnten Sie beispielsweise ein Feld „Sparte“ hinzufügen, wenn Sie mit Outlook die Mitglieder Ihres Sportvereins verwalten möchten. Oder Sie ergänzen für eine Kundenverwaltung Felder zu Produkten, Regionen, Mailings, oder Sie fügen ein Feld für den Skype-Kontakt ein. Prüfen Sie in jedem Fall zunächst, ob es das Feld nicht schon gibt.

Wenn Sie Ihre benutzerdefinierten Daten bei den Kontakten durchgängig und einheitlich erfassen, können Sie diese später über eigene Ansichten (siehe Kapitel 5) anzeigen, auswerten, sortieren und filtern, in Tabellenform ausdrucken, für Serienbriefe nutzen und vieles mehr.

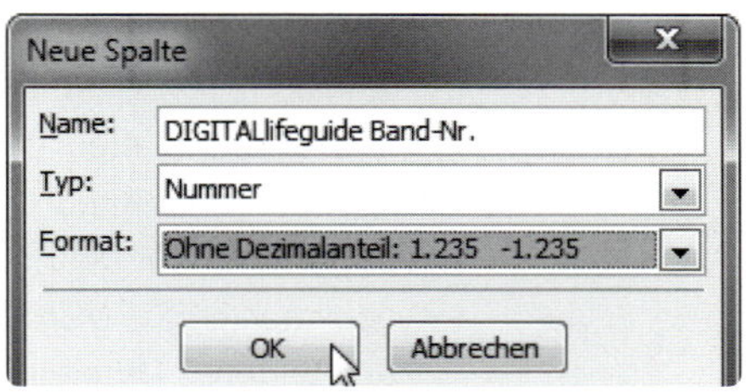

Bild 6.3 Eigene Felder definieren

1. Öffnen Sie einen Kontakt, und wählen Sie **Anzeigen > Alle Felder**.
2. Klicken Sie auf die Schaltfläche **Neu...** unterhalb der Feldliste.
3. Im Dialogfeld **Neue Spalte** (Bild 6.3) geben Sie im Feld **Name** die Datenfeldbezeichnung ein. Wählen Sie im Feld **Typ**, welche Art von Daten dort erfasst werden sollen. Für einige Feldtypen sind weitere Angaben erforderlich, beispielsweise zum Datumsformat. Diese legen Sie über das dritte Feld **Format** bzw. **Formel** fest. Tipp für Fortgeschrittene: Über die Typen **Kombination** und **Formel** können Sie Ihre eigenen Felder sogar mit Berechnungen und Verarbeitungen ausstatten.
4. Speichern Sie das neue Feld mit **OK**.

Für vorhandene Kontakte lassen sich die neuen Daten am besten mit Hilfe einer Ansicht erfassen: Schließen Sie den Kontakt, wählen Sie **Ansicht > Anordnung > Spalten hinzufügen** und dort die Kategorie **benutzerdefinierte Ordnerfelder**. Fügen Sie das Feld hinzu, und setzen Sie es in der Feldliste nach oben. Sie können nun direkt in der Ansicht die Werte zeilenweise eingeben.

Kontakte importieren

Über die Outlook-Importfunktion können Sie Adressen und weitere Kontaktdaten aus beliebigen Quellen übernehmen, die ihre Daten in einem der verfügbaren Dateiformate ausgeben können. Das kann Outlook Express oder Windows Mail sein, für die ein direkter Zugriff auf die Anwendungsdaten möglich ist. Das kann aber auch ein anderes Kontaktmanagement-Programm sein, das Kontaktdaten als vCards oder als Tabelle im CSV-Format („kommagetrennte Werte“) exportieren kann. Für Kontaktdaten, die Ihnen in einer Tabellenkalkulation vorliegen, führt der einfachste Weg zu Outlook über das Speichern als CSV-Datei in der Tabellenkalkulation und den Import dieser Datei in Outlook. Excel-Daten können auch direkt aus dem Excel-Dateiformat eingelesen werden.

1. Wählen Sie in Outlook **Datei > Öffnen**, und klicken Sie auf **Importieren** (Outlook 2007: **Datei > Importieren/Exportieren**).
2. Wählen Sie im **Import/Export-Assistenten** die Option **Internet-Mail und Adressen importieren** für die Übernahme von Outlook Express oder Windows-Mail-Kontakten, oder wählen Sie **VCARD-Datei (vcf) importieren** für vCard-Daten, oder wählen Sie **Aus anderen Dateien oder Programmen importieren** für die Übernahme von CSV-Daten und im nächsten Schritt den entsprechenden Dateityp.

3. Bestätigen Sie jeweils mit **Weiter**. Der Import/Export-Assistent führt Sie nun Schritt für Schritt zum Ziel.

TIPP

Die Kombination von **Outlook mit OneNote** (siehe Kapitel 9) eignet sich nicht nur für Aufgaben und Notizen, sondern auch für die Pflege weiterer Kontaktdaten. Ein Klick auf die Schaltfläche **OneNote** erstellt dort eine Notizbuchseite, die mit dem Outlook-Kontakt verknüpft ist.

Kontakte aus Facebook, XING & Co.

Viele Kontakte „leben" heute in den sozialen Netzwerken wie **Facebook**, **LinkedIn** oder **XING**. Weil sich auch in Outlook alles um Kommunikation und Kontakte dreht, liegt es nahe, hier eine Verbindung herzustellen. Genau das leistet der sogenannte „**Outlook Social Connector**" (kurz „OSC"). Dieses Add-In ist bei Outlook 2010 standardmäßig installiert. Für Outlook 2003 und 2007 muss es zusätzlich installiert werden (siehe URL-Box).

Der „OSC" wiederum benötigt sogenannte „Anbieter" oder „Provider" für die einzelnen sozialen Netzwerke. Solche OSC-Anbieter sind für die populärsten Dienste verfügbar, darunter Windows Live Messenger, SharePoint, Facebook, XING und LinkedIn.

Installationsprogramme für Ihre gewünschten OSC-Anbieter laden Sie aus dem Internet (siehe URL-Box) und starten die Installation unter Windows wie gewohnt durch Doppelklick auf die Datei.

Fokus: Add-Ins aktivieren oder deaktivieren

Der Social Connector ist ein **Add-In**, eine Art „eingebettete Programmerweiterung". Andere Add-Ins sind beispielsweise der **Outlook Hotmail Connector** oder der **Google Calendar Sync**. Solche Add-Ins müssen nicht nur installiert, sondern zusätzlich in Outlook aktiviert sein, um genutzt werden zu können: Wählen Sie dazu **Datei > Optionen > Add-Ins** (Outlook 2007: **Extras > Vertrauensstellungscenter > Add-Ins**). Im Feld **Verwalten** (unten) wählen Sie **Com-Add-Ins**, und klicken auf **Gehe zu...**. Setzen Sie das Häkchen vor den gewünschten Add-Ins, und bestätigen Sie mit **OK**.

Auf demselben Wege können Sie auch Add-Ins, die Sie nicht benötigen, deaktivieren. Dies ist sogar empfehlenswert, denn gelegentlich sind solche Add-Ins für Outlook-Abstürze oder Geschwindigkeitseinbußen verantwortlich.

TIPP

Sind zu einem Ihrer Kontakte in Outlook mehrere Bilder vorhanden, etwa aus Facebook oder XING, dann können Sie den Mauszeiger auf dem Bild positionieren und mit Klicks auf die kleinen Dreiecke das Bild wechseln.

Personenbereich/Social-Network-Konto hinzufügen

Wenn der Outlook Social Connector installiert und aktiviert ist, sehen Sie standardmäßig beim Öffnen einer Mail oder eines Kontakts im unteren Bereich des Outlook-Fensters den Personenbereich (Bild 6.4). Ob und in welchem Umfang dieser Bereich angezeigt wird, steuern Sie über die Schaltfläche **Personenbereich** auf der Registerkarte **Ansicht**. In der **Normal**-Darstellung zeigt der Personenbereich das zum Kontakt gespeicherte Bild bzw. eine Silhouette, wenn kein Bild vorhanden ist.

Rechts neben dem Bild sehen Sie eine kleine, vertikale Symbolleiste. Sie können hier wählen, welche Elemente zum Kontakt angezeigt werden, unter anderem Mails, Dateianlagen oder gemeinsame Termine. Das untere Symbol, die Sprechblase, zeigt aktuelle Statusmeldungen zum Kontakt, wenn dieser in einem der sozialen Netzwerke angemeldet ist, für das Sie den Connector und Ihr Konto eingerichtet haben.

Fügen Sie aber zunächst ein Social-Network-Konto – oder gleich mehrere – hinzu:

1. Klicken Sie auf der Registerkarte **Ansicht** auf **Personenbereich**, und wählen Sie **Kontoeinstellungen...**.
2. Sie sehen nun eine Auswahl der Netzwerke, für die OSC-Anbieter installiert sind (siehe oben). Markieren Sie das gewünschte Netzwerk.
3. Für Facebook geben Sie bereits an dieser Stelle **Benutzernamen** und **Kennwort** ein, für XING folgt dies erst in einem anschließenden Schritt (**Benutzername** = E-Mail-Adresse).

URL

Der Social Connector („OSC") für Outlook 2003 und 2007:

- www.microsoft.com/downloads/de-de/details.aspx?FamilyID=b638cc14-11e5-448a-b5a6-4f553ce81b94

Der XING Connector:

- http://outlook.xing.com/index_de.html

Der Facebook Connector:

- http://download.microsoft.com/download/3/B/F/3BF7B6F9-1140-45DE-B0AF-B7CB2B39D80D/OSCFB-x86-de-de.exe

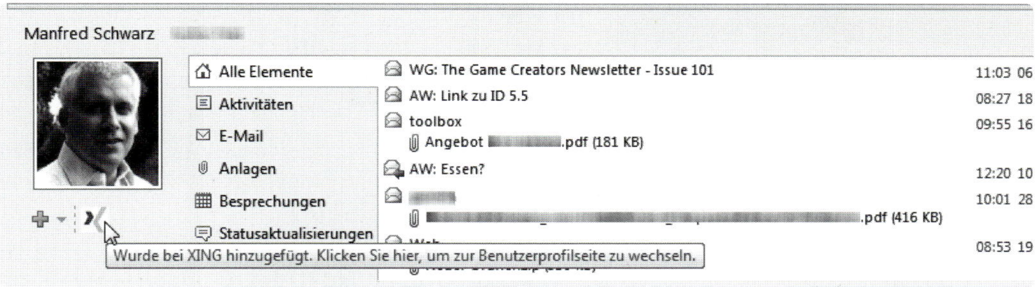

Bild 6.4 Im Personenbereich werden auch Statusaktualisierungen aus sozialen Netzwerken angezeigt

4. Klicken Sie auf **Verbinden**.
5. Die Verbindung zwischen Ihren Outlook-Kontakten und Ihren Netzwerk-Kontakten wird hergestellt. Bei XING erfolgt dies über die E-Mail-Adresse, das heißt, dass ein Kontakt nur zugeordnet werden kann, wenn er in Outlook und XING mit derselben E-Mail-Adresse gespeichert ist. Der XING-Connector legt in Outlook einen neuen Kontakte-Ordner an, in dem Ihre Kontakte abgelegt werden. Sie können nun über den Personenbereich in Outlook die Statusaktualisierungen und Aktivitäten des Kontakts verfolgen.

Unterhalb des Kontaktbildes im Personenbereich sehen Sie nun die **Logos** der Netzwerke, zu den eine Verbindung besteht. Klicken Sie darauf, um die entsprechende Profilseite im Netzwerk aufzurufen. Für Kennwortänderungen oder zum Löschen eines Netzwerk-Kontos wählen Sie erneut **Ansicht > Personenbereich > Kontoeinstellungen**.

Kontaktdaten organisieren

Ob manuell erfasst, importiert oder aus einem sozialen Netzwerk übernommen – Ihr Outlook-Adressbuch kann schnell sehr umfangreich werden. Anhand des alphabetischen Registers oder mit Hilfe der Suchfunktion finden Sie natürlich einzelne Kontakte trotzdem sofort. Dennoch ist es oft sinnvoll, Ihre Kontaktdaten zusätzlich zu ordnen – bespielsweise, um private und berufliche Kontakte zu trennen.
Deshalb lohnt es sich auch hier, die von Outlook zur Verfügung gestellten Organisationsmöglichkeiten zu nutzen: Legen Sie eigene **Kontakte-Ordner** an, und verwenden Sie gegebenenfalls die **Kategorien**. Auch die Ansichten bieten sich an, um Kontaktinformationen gezielt zu

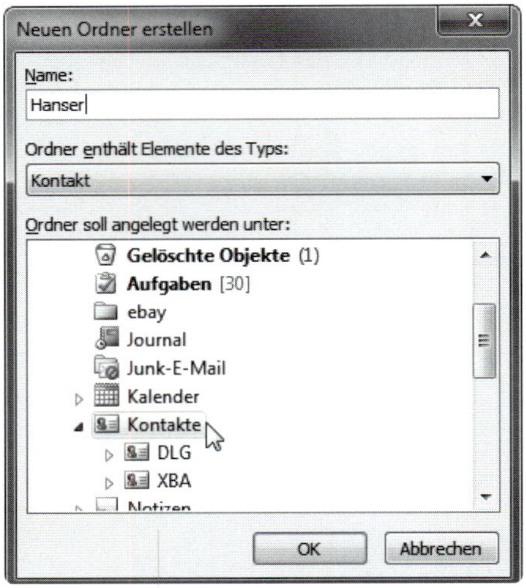

Bild 6.5 Anlegen eines neuen Kontakte-Ordners

suchen oder auszuwerten. Einige Ansichten für den Kontakte-Ordner stehen standardmäßig bereit, darunter eine **Telefonliste**, die **Visitenkartenansicht** oder die **Adresskartenansicht**. Darüber hinaus können Sie Kontakte in Gruppen zusammenfassen, die sich wie Verteiler nutzen lassen, indem Sie eine Gruppe beispielsweise als Empfänger einer E-Mail angeben.

Kontakte-Ordner und Ordnergruppen

Mit den in Kapitel 5 vorgestellten Outlook-Ordnern lassen sich Kontakte übersichtlich organisieren. Beachten Sie allerdings, dass ein Kontakt zwar in mehreren Ordnern abgelegt werden kann, jedoch nur als kopierte Elemente. Das heißt, dass Änderungen, die Sie für den Kontakt „Helga Schmidt“ im Ordner „Verein“ vornehmen, nicht automatisch auf „Helga Schmidt“ im Ordner „Nachbarn“ übertragen werden. Solche Kontakt-Duplikate sollten Sie jedoch unbedingt vermeiden, denn sie führen sehr schnell zu einem unübersichtlichen Datenbestand, der nur mit Mühe wieder „aufzuräumen“ ist.

Es gilt also die Empfehlung, Ordner jeweils für die Bereiche einzurichten, deren Kontakte eindeutig zuzuordnen sind. Für den oben genannten Fall könnte die Lösung darin bestehen, dass Sie für die Vereinskontakte zwar einen eigenen Ordner einrichten, die „Nachbarn“ jedoch über eine entsprechende Kategorie kennzeichnen (siehe Kapitel 5).

Wenn Sie viele Kontakte-Ordner haben, können Sie diese zusätzlich in Ordnergruppen zusammenfassen. Legen Sie zum Beispiel eine Ordnergruppe „Beruflich“ an, in der Sie die Ordner „Firma intern“, „Kunden“, „Lieferanten“ einrichten. Und so legen Sie Ordner an:

1. Öffnen Sie den Kontakte-Ordner.
2. Öffnen Sie die Registerkarte **Ordner**, und klicken Sie auf **Neuer Ordner** (Outlook 2007: **Datei > Ordner > Neuer Ordner**).
3. Geben Sie den Ordner-Namen ein, und wählen Sie als Elementtyp **Kontakt** (Bild 6.5).
4. In der Ordnerliste **Ordner soll angelegt werden unter** wählen Sie **Kontakte** und bestätigen mit **OK**.

5. Um eine Ordnergruppe anzulegen, klicken Sie mit der rechten Maustaste auf den ersten Eintrag in der Ordnerliste, und wählen Sie im Kontextmenü **Neue Ordnergruppe**. Geben Sie den Namen der Ordnergruppe ein.
6. Sie können nun die Ordner in der Ordnerliste mit gedrückter Maustaste zwischen den Ordnergruppen verschieben. Ordnergruppen lassen sich per Klick auf das kleine Dreieck auf- und zuklappen.

Um einen Kontakt in einem bestimmten Ordner neu anzulegen, markieren Sie den Ordner im Navigationsbereich, bevor Sie auf **Neuer Kontakt** klicken. Vorhandene Kontakt-Elemente können Sie in der Ansicht eines Ordners markieren und dann mit gedrückter Maustaste in der Ordnerliste auf dem gewünschten Zielordner ablegen.

Fokus: E-Mail-Adressbücher und vorgeschlagene Adressen

Die Kontakte-Ordner werden von Outlook als Adressbücher bereitgestellt: Wenn Sie beim Schreiben einer E-Mail auf die Schaltfläche **An:**, **CC:** oder **Bcc:** klicken, können Sie im Listenfeld **Adressbuch** einen Ordner auswählen. Sie erhalten dann eine Liste aller Kontakte aus dem Ordner, für die mindestens eine E-Mail-Adresse gespeichert ist.
Ob die Kontakte eines Ordners als Adressbuch angezeigt werden, können Sie je Ordner festlegen. Dazu klicken Sie mit der rechten Maustaste auf den Ordnernamen und wählen **Eigenschaften**. Im Eigenschaften-Dialog öffnen Sie die Registerkarte **Outlook-Adressbuch** und nehmen dort die gewünschten Einstellungen vor.
Voraussetzung dafür ist allerdings, dass das Outlook-Adressbuch als Dienst in den Kontoeinstellungen konfiguriert ist. Prüfen Sie dies über **Datei > Kontoeinstellungen > Kontoeinstellungen > Adressbücher > Outlook-Adressbuch**. Ist **Outlook-Adressbuch** noch nicht in der Liste der Dienste aufgeführt, klicken Sie auf **Neu**, und wählen Sie **Zusätzliche Adressbücher > Weiter > Outlook Adressbuch**.
Die Adressbücher sind ansonsten unabhängig von den Outlook-Kontakten und können beispielsweise aus dem E-Mail-Ordner direkt über die Schaltfläche **Adressbuch** geöffnet werden. Im Dialogfeld **Adressbuch** können Sie eines der Adressbücher wählen. Dazu gehören neben Ihren Kontakte-Ordnern auch die **vorgeschlagenen Adressen**, die Outlook aus Ihren bisherigen Mails extrahiert. Sie kennen diese Adressen aus der Liste, die angezeigt wird, während Sie eine Adresse im Feld **An:** eingeben. Um das Adressbuch zu durchsuchen oder zu konfigurieren, wählen Sie im E-Mail-Ordner **Start > Adressbuch > Extras > Optionen** (Outlook 2007: **Extras > Adressbuch**).

TIPP

Um ärgerliche **Kontakt-Duplikate** zu vermeiden, aktivieren Sie in den Optionen (**Datei > Optionen > Kontakte**) das Kontrollkästchen **Beim Speichern neuer Kontakte auf Duplikate überprüfen**.

Kontakt-Ansichten

Wie flexibel Ansichten genutzt werden können, um große Datenmengen übersichtlich zu filtern, zu sortieren, zu gruppieren und auf dem Bildschirm darzustellen, wird im Kapitel 5 erläutert. Das alles gilt selbstverständlich auch für die Ansichten in Ihren Kontakte-Ordnern. Hier kommen jedoch noch die äußerst nützlichen Kartenansichten hinzu, die von der einfachen Adresskarte bis zur typischen Visitenkarten-Aufmachung reichen (Bild 6.6).

Outlook stellt hier eine Reihe vorgefertigter Ansichten bereit, die Sie einmal ausprobieren sollten:

1. Öffnen Sie einen Ordner, der mehrere Kontakte enthält.
2. Öffnen Sie die Registerkarte **Ansicht**, und wählen Sie **Ansicht ändern** (Outlook 2007: **Ansicht > Aktuelle Ansicht anpassen**).
3. Klicken Sie in der Übersicht der verfügbaren Ansichten auf eines der Symbole. Ihre Kontakte werden entsprechend sortiert und formatiert.
4. Probieren Sie die mitgelieferten Ansichten – von der kompakten **Liste** bis zur **Visitenkarte** – einmal aus. Wählen Sie die für den jeweiligen Kontakte-Ordner passendste.
5. Um die gewählte Ansicht noch individuell zu verfeinern, klicken Sie auf der Registerkarte **Ansicht** auf **Ansichtseinstellungen**. Hier können Sie **Felder**, **Sortierung**, **Filter** etc. ändern (siehe auch Kapitel 5). Für Kartenansichten stehen zusätzliche Formatierungsoptionen wie etwa die **Kartenbreite** bereit: Dazu klicken Sie im Dialog **Erweiterte Ansichtseinstellungen** auf die Schaltfläche **Weitere Einstellungen...**.

Kontaktgruppen/Verteilerlisten

Die „Verteilerlisten", wie sie in älteren Outlook-Versionen hießen, werden in Outlook 2010 als „Kontaktgruppen" bezeichnet und sind immer dann eine höchst nützliche Einrichtung, wenn Sie regelmäßig E-Mails an bestimmte Gruppen von Empfängern senden. Eine solche Gruppe kann Ihre Abteilung sein, ein bestimmter Kundenstamm, Ihre Familie oder Ihr engster Freundeskreis, die Doppelkopfrunde und so weiter. Anstelle der einzelnen E-Mail-Adressen aller Mitglieder einer solchen Gruppe geben Sie einfach den

Gruppennamen im Empfängerfeld (**An:**, **CC:** oder **BCC:**) ein.

Einen besonderen Vorteil haben die Kontaktgruppen gegenüber den Kontakte-Ordnern: Ein Kontakt kann beliebig vielen Gruppen zugeordnet werden.

Sie können also sehr fein differenzierte Gruppen definieren, die sich ruhig überschneiden dürfen. Allerdings sollten Sie dann ganz besonders auf aussagekräftige und eindeutige Gruppennamen achten. Sonst kann es schnell passieren, dass jemand eine Mail erhält, die eigentlich nicht für ihn gedacht war, weil Sie versehentlich die falsche Gruppe als Empfänger gewählt haben.

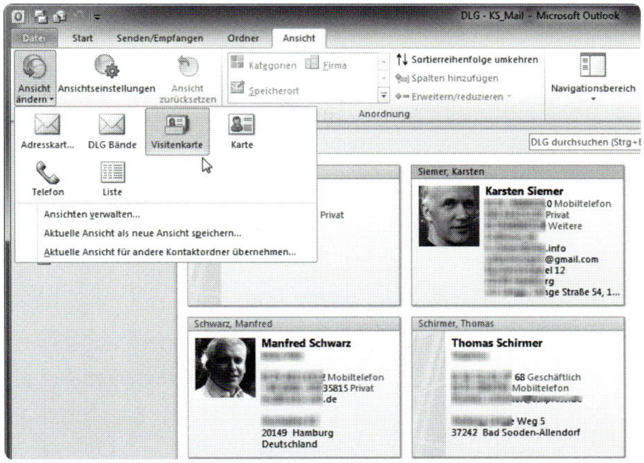

Bild 6.6 Für Kontakte besonders wichtig: verschieden Ansichten

Generell sollten Sie bei der Verwendung von Kontaktgruppen Vorsicht walten lassen: So ist es zum Beispiel nicht immer angemessen, dass alle Empfänger die Namen und Mail-Adressen aller anderen Empfänger sehen können. In diesen Fällen sollten Sie in der Mail das Feld **An:** leer lassen und die Kontaktgruppe im Feld **BCC:** einfügen (siehe auch Kapitel 3).

So legen Sie eine Kontaktgruppe an und ordnen Kontakte zu:

1. Wählen Sie einen beliebigen Kontakte-Ordner, und klicken Sie auf **Start > Neue Kontaktgruppe** (Outlook 2007: **Aktionen > Neue Verteilerliste**).
2. Geben Sie zunächst einen aussagekräftigen, eindeutigen Namen für die Gruppe ein. Diesen können Sie bei Bedarf später noch ändern. Wählen Sie **Datei > Speichern**.
3. Klicken Sie auf **Kontaktgruppe > Mitglieder hinzufügen**. Wählen Sie, ob vorhandene **Outlook-Kontakte, Adressbuch-Kontakte** (von denen Sie vielleicht schon einmal eine Mail erhalten haben, ohne dafür ein Kontakt-Element angelegt zu haben) oder ein ganz **neuer Kontakt** (eine neue E-Mail-Adresse) hinzugefügt werden sollen.
4. Für einen neuen Kontakt geben Sie den **Namen** und die **E-Mail-Adresse** ein. Für vorhanden Kontakte wird die Adressbuch-Ansicht angezeigt. Wählen Sie aus der Liste **Adressbuch** den gewünschten Kontakte-Ordner bzw. das Adressbuch.

5. Markieren Sie nun in der Kontaktliste die gewünschten Mitglieder. Eine Mehrfachauswahl treffen Sie mit gedrückter **Strg**-Taste. Klicken Sie auf **Mitglieder**, um die Auswahl zu übernehmen. Bestätigen Sie mit **OK**.
6. Die Kontaktgruppen können Sie auf diese Weise jederzeit beliebig erweitern. Sie können auch **Mitglieder entfernen**, indem Sie diese auswählen und dann auf die gleichnamige Schaltfläche klicken. Wählen Sie **Jetzt aktualisieren**, wenn Sie beispielsweise zwischenzeitlich geänderte E-Mail-Adressen in der Kontaktgruppe auf den neusten Stand bringen möchten.

Wenn Sie eine Kontaktgruppe weiterleiten möchen, beispielsweise an den neuen Kollegen aus Ihrer Abteilung, dann öffnen Sie die Gruppe, und klicken Sie auf **Kontaktgruppe > Gruppe weiterleiten**.

Sie können Outlook-Kontakte oder vCard-Dateien weiterleiten, falls der Empfänger nicht Outlook einsetzt.

Kontaktdaten nutzen

Die wichtigsten Nutzungsmöglichkeiten für Ihre Outlook-Kontakte finden Sie bei geöffnetem Kontakt auf der Registerkarte **Kontakt** im Abschnitt **Kommunizieren:** Sie können eine neue E-Mail-Nachricht erstellen oder über Besprechung eine Termineinladung an den Kontakt senden (siehe auch Kapitel 6).

Über die Auswahl **Weitere** blenden Sie zusätzliche Nutzungsfunktionen ein. Die Telefonwahloptionen setzen allerdings voraus, dass eine sogenannte TAPI-Schnittstelle installiert ist, dass also Ihr PC mit der Telefonanlage verbunden ist. Dann können Sie Outlook die Nummer wählen lassen und sogar über Ihren PC telefonieren. Im privaten Bereich ist dies noch selten anzutreffen. Einige Router im gehobenen Preisbereich, etwa von AVM, unterstützen diese Funktionen.

Visitenkarten gestalten und als Bild kopieren

Die nette Visitenkarte, die Outlook für jeden Kontakt oben rechts erstellt, ist eigentlich für die bloße Bildschirmansicht viel zu schade. Ob es eine Visitenkarte mit Ihren eigenen Daten ist oder die von Team-Kollegen, eine Verwendung im Word-Dokument oder eine Druckausgabe wäre doch eine feine Sache? Und es geht! Sie können sogar die Visitenkarten für jeden einzelnen Kontakt individuell gestalten. Eine direkte Druckausgabe ist zwar nicht möglich, jedoch lässt sich die Visitenkarte als Bild kopieren und beispielsweise in Word oder einem Grafikprogramm einfügen und drucken.

1. Öffnen Sie einen Kontakt, und klicken Sie auf **Kontakt > Visitenkarte**.
2. Im Dialogfeld **Visitenkarte bearbeiten**, in der Liste der Felder, können Sie Felder oder Leerzeilen markieren und entfernen oder über die Pfeilschaltflächen verschieben.
3. Wenn Sie andere Daten auf der Visitenkarte sehen möchten, klicken Sie auf **Hinzufügen**, und wählen Sie das entsprechende Datenfeld aus den Auswahllisten.
4. Ein in der Liste markiertes Feld können Sie über die Optionen im Abschnitt **Bearbeiten** formatieren oder anders beschriften.
5. Das Karten-Layout schließlich lässt sich über die Optionen im Abschnitt **Kartenentwurf** individuell gestalten, mit farbigem Hintergrund versehen und vieles mehr.
6. Speichern Sie die Entwurfsänderungen mit **OK**.
7. Um die Visitenkarte als Bild in die Zwischenablage einzufügen, klicken Sie mit der rechten Maustaste darauf, und wählen Sie **Als Bild kopieren**. Sie können nun beispielsweise Word öffnen, es dort einfügen (**Strg + V**) und drucken.

Elektronische vCards senden

Die elektronische Form der Visitenkarte, die vCard, wurde bereits erwähnt. Sie dient vor allem dazu, Kontaktdaten mit anderen auszutauschen. Weil das vCard-Format ein Standard ist, funktioniert das auch mit Nutzern eines anderen Mail- oder Kontaktmanagement-Programms. Um die vCard eines Kontakts per E-Mail weiterzugeben, klicken Sie auf **Kontakt > Weiterleiten > Im Internetformat (vCard)**. Daraufhin wird eine neue Nachricht erzeugt, in der die vCard bereits als Anlage enthalten ist.
Die vCard oder Visitenkarte Ihres eigenen Kontaktelements können Sie auch in Ihre Mail-Signaturen einfügen (siehe auch Kapitel 4). Dazu wählen Sie **Datei > Optionen > E-Mail**, und klicken dort auf die Schaltfläche **Signaturen**. Im Dialogfeld **Signaturen und Briefpapier** klicken Sie auf die Schaltfläche **Visitenkarte**. Wählen Sie in der Kontaktliste Ihr Kontaktelement, und bestätigen Sie mit **OK**.

Kontaktdaten exportieren

Gut gepflegte Kontaktdaten können sehr wertvoll sein, nicht nur, weil darin eine Menge Arbeit steckt. Wenn Sie diese weitergeben, weiterverarbeiten oder einfach nur zur Sicherheit in eine Datei exportieren möchten, gehen Sie wie folgt vor:

1. Wählen Sie **Datei > Öffnen > Importieren** (Outlook 2007: **Datei > Importieren/Exportieren**).

2. Wählen Sie **In Datei exportieren**, und klicken Sie auf **Weiter**.
3. Wählen Sie als Ausgabeformat zum Beispiel **Outlook-Datendatei** oder **komma-getrennte Werte**, bestätigen Sie jeweils mit **Weiter**.
4. Wählen Sie den Kontakte-Ordner, den Sie exportieren möchten, legen Sie den Dateinamen und Speicherort fest, und klicken Sie schließlich auf **Fertig stellen**.

Mit Word Serienbriefe oder -Mails erstellen

In Zusammenarbeit mit Word lassen sich Ihre Outlook-Kontakte zum Erstellen von Serien-E-Mails oder Serienbriefen, Etiketten oder Umschlägen nutzen. Dafür muss Word in derselben Version wie Outlook installiert sein. Sie beginnen in Outlook und werden dann von beiden Programmen Schritt für Schritt weitergeleitet. Hier der Ablauf im Überblick:

1. Sie markieren die gewünschten Outlook-Kontakte in dem entsprechenden Kontakte-Ordner.
2. Sie klicken auf **Start > Seriendruck** (Outlook 2007: **Extras > Seriendruck**).
3. Im Dialogfeld **Kontakte zusammenführen** wählen Sie die **Kontakte**, die **Kontaktfelder**, das gewünschte Word-Dokument bzw. **Neues Dokument**, und – wichtig – den **Dokumenttyp** (**Serienbrief, Umschläge, Etiketten**) aus. Im Feld **Zusammenführung an** legen Sie das Ausgabeziel fest: **Neues Dokument, Drucker** oder **E-Mail**.
4. Bestätigen Sie mit **OK**. Word wird automatisch gestartet.
5. Gestalten Sie das Seriendruck-Dokument in Word (Bild 6.7), beispielsweise, indem Sie einen Adressblock, Seriendruckfeldern, Text etc. einfügen.
6. Klicken Sie schließlich in Word auf **Fertig stellen und zusammenführen**. Sie können nun einzelne **Dokumente bearbeiten**, das **Dokument drucken** (zum Beispiel als Serienbrief) oder **E-Mail-Nachrichten senden**.

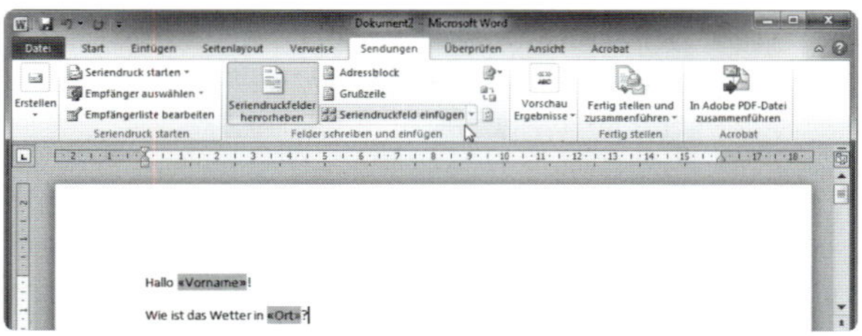

Bild 6.7 Das Serienbriefdokument erstellen Sie in Word

Adressen und Kontaktdaten drucken

Für Ihre Kontaktdaten beginnt der Weg aufs Papier immer bei der Wahl der Ansicht im gewünschten Kontakte-Ordner. Von der Ansicht hängt nicht nur ab, welche Kontakte und welche Daten in welcher Sortierung ausgegeben werden, sondern auch, welche Druckformate zur Wahl stehen. Ausnahme: Der Schnelldruck erfolgt immer im Memoformat.

Schnelldruck

Zunächst der schnelle, aber unflexible Weg, um schnell die wichtigsten Daten eines oder mehrerer Kontaktelemente auszudrucken:

1. Markieren Sie die gewünschten Kontakte (Mehrfachauswahl mit gedrückter **Strg**-Taste).
2. Klicken Sie mit der rechten Maustaste auf einen der markierten Kontakte, und wählen Sie im Kontextmenü **Schnelldruck** (Outlook 2007: **Drucken**).
3. Die Kontaktdaten werden unmittelbar im Memoformat an den Drucker gesendet, der unter Windows als **Standarddrucker** gekennzeichnet ist.

Vorbereiten der Telefon- und Adressenlisten

Für die Anzeige und den Druck einer Telefonliste bietet Outlook standardmäßig die Ansicht **Telefon** an. Diese ist jedoch nicht besonders übersichtlich aufgebaut. Sie enthält zum Beispiel die Spalten **Name** und **Speichern unter**, die meistens dieselbe Information enthalten, sowie Spalten für Land/Region, Journal, Kategorien und Nachverfolgungskennzeichen, die für einfache Telefonlisten häufig nicht benötigt werden.
Hier empfiehlt es sich also, ausgehend von der mitgelieferten Telefon-Ansicht, Ihre eigene Ansicht für die Telefonliste zu erstellen. Dabei können Sie dann auch gleich weitere Ansichtsfunktionen nutzen, beispielsweise eine andere Sortierung festlegen, einen Filter definieren, zusätzliche Spalten/Felder für weitere Daten hinzufügen und vieles mehr. Mehr zum Thema „Ansichten anpassen“ lesen Sie weiter oben in diesem Kapitel sowie im Kapitel 5.
Ähnliches gilt für Adressenlisten: Outlook bietet zwar gute Karten-Ansichten für Adressen, jedoch keine Adressenansicht in Listenform. Auch hier kommen Sie also kaum um das Definieren eigener Ansichten herum.
Wenn Sie solche neu erstellten Ansichten für alle Kontakte-Ordner verfügbar machen, brauchen Sie diese Ansichten nur einmal anzulegen und können damit zukünftig sehr schnell Ihre individuellen Listen drucken.

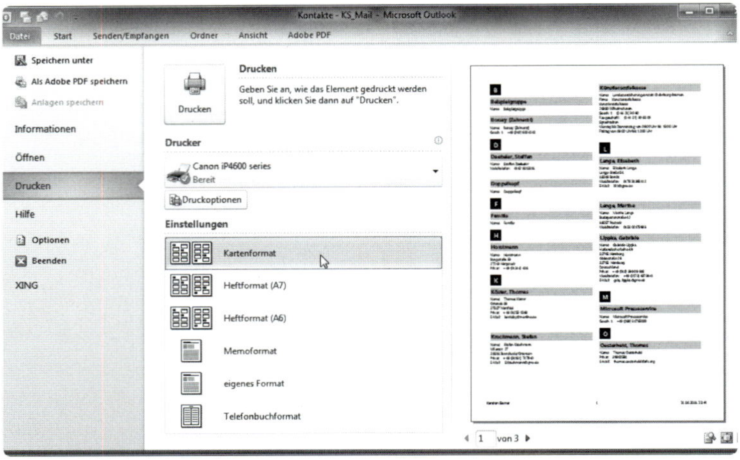

Bild 6.8 Druckformate in der Vorschau

Kontaktdaten drucken und Druckformate anpassen

Outlook ist bei der Druckausgabe nicht ganz so unflexibel, wie es nach den Hinweisen zu Telefon- und Adressenlisten scheinen mag.

Der folgende Ablauf führt Sie Schritt für Schritt durch die Arbeit mit Druck- und Format-Optionen bis zur Ausgabe auf Ihrem Drucker:

1. Öffnen Sie den Kontakte-Ordner, und wählen Sie die gewünschte Ansicht über die Auswahlliste **Ansicht** auf der Registerkarte **Start** oder über die Registerkarte **Ansicht** und **Ansicht ändern**. Beachten Sie: Für Kartenansichten stehen andere Druckformate zur Verfügung als für Listenansichten! Probieren Sie deshalb einmal verschiedene Ansichtstypen aus.
2. Wenn nicht alle Elemente der Ansicht gedruckt werden sollen, markieren Sie die gewünschten. Hinweis: Das **Tabellenformat** druckt standardmäßig **alle** Zeilen (Kontakte) der Ansicht, bei den Druckoptionen kann aber die Option **nur markierte Zeilen** gewählt werden. Das **Memoformat** gibt **nur die markierten Kontakte** aus oder alle Kontakte, wenn keiner markiert ist.
3. Klicken Sie nun im Menüband auf **Datei** und dort auf **Drucken**.
4. Der Druckbildschirm in Outlook 2010 zeigt rechts eine aktuelle **Druckvorschau** und in der Mitte unten, im Abschnitt **Einstellungen**, die für die gewählte Ansicht verfügbaren Formate (Bild 6.8). Klicken Sie einmal auf die verschiedenen Formate, um jeweils eine Vorschau zu sehen.
5. Wenn Sie keine weiteren Anpassungen vornehmen möchten, wählen Sie den gewünschten **Drucker** aus, und starten Sie den Druck mit Klick auf die Schaltfläche **Drucken**.

6. Für weitere Anpassungen klicken Sie auf die Schaltfläche **Druckoptionen**. Im Optionen-Dialog können Sie den Drucker, den Seiten- und Druckbereich sowie die Anzahl der Exemplare wählen. Auch das Druckformat kann hier noch geändert werden.
7. Über die Schaltfläche **Seite einrichten** öffnen Sie einen Dialog mit weiteren Optionen für diesen Druckvorgang. Hier können Sie das Papierformat und die Aufteilung (Spaltenzahl) sowie Kopf- und Fußzeilen anpassen. Welche zusätzlichen Optionen auf der Registerkarte **Format** verfügbar sind, hängt von dem gewählten Druckformat ab.
8. Über die Schaltfläche **Formate definieren** im Dialogfeld **Drucken** können Sie die Gestaltung der Standardformate anpassen oder eigene Formate anlegen, indem Sie ein vorhandenes Format kopieren und **bearbeiten**. Bei den Seitenformaten finden Sie unter anderem „filofax", „Chronoplan" oder „Time/System". Die Einstellungen, die Sie hier zum Seitenformat, zum Papierformat und zu Kopf- und Fußzeilen vornehmen und mit **OK** bestätigen, bleiben auch über diesen Druckvorgang hinaus gespeichert.

Höchste Zeit fürs Zeitmanagement

Wer viele Kontakte hat, hat auch viele Termine. Zum Glück gehören Kalender- und Terminverwaltung ebenfalls zu den starken Seiten von Outlook. Dazu mehr im folgenden Kapitel.

WEB TAGS

XING Outlook Social Connector Windows Live Messenger filofax Chronoplan Time/System Outlook Add-Ins vCard LinkedIn Facebook

7 IMMER PÜNKTLICH: TERMINE UND KALENDER VERWALTEN

Die folgenden Kapitel widmen sich dem Bereich „Zeitmanagement“ mit Outlook. Dazu gehören die Funktionen Termine, Kalender, Aufgaben und Notizen.

Das Zusammenfassen dieser Aufgabengebiete in einem Programm ist sinnvoll, denn die unterschiedlichen Elemente lassen sich hier miteinander verknüpfen und mit denselben Organisationsfunktionen (siehe Kapitel 5) im Griff behalten. Ein typischer Ablauf aus der beruflichen Praxis: Sie erhalten eine Mail von einem Kunden, der die Details eines Auftrags gern in einem persönlichen Gespräch klären möchte. Aus dieser Mail erzeugen Sie einen Besprechungstermin, zu dem Sie noch Kollegen aus anderen Abteilungen einladen. Den Termin können Sie auch gleich im gemeinsamen Online-Kalender eintragen. Gleichzeitig ergeben sich aus dem Auftrag einige Aufgaben, die Sie ebenfalls mit Hilfe von Outlook im Blick behalten und gegebenenfalls an Kollegen delegieren.

Der besondere Effizienzgewinn liegt darin, dass Sie diesen gesamten Ablauf in Outlook „managen“, aus einem Outlook-Element ein anderes Outlook-Element „ableiten“ und alle Daten im Blick behalten.

Termine

Outlook unterscheidet zwischen einem Termin, einem Ereignis und einer Besprechung. Ein **Ereignis** ist ein ganztägiger (auch mehrtägiger) Termin, die Zeitspanne 0:00 Uhr bis 0:00 Uhr ist nicht änderbar, die Erinnerungszeit ist standardmäßig mit

URL

Die Links zu diesem Kapitel:

- www.windowslive.de

Der Office Outlook Connector für 2003 und 2007:

- www.microsoft.com/downloads/de-de/details.aspx?FamilyID=7aad7e6a-931e-438a-950c-5e9ea66322d4

vCalendar online:

- www.schulferien.org/iCal/
- www.fussball-bundesliga-im-kalender.de

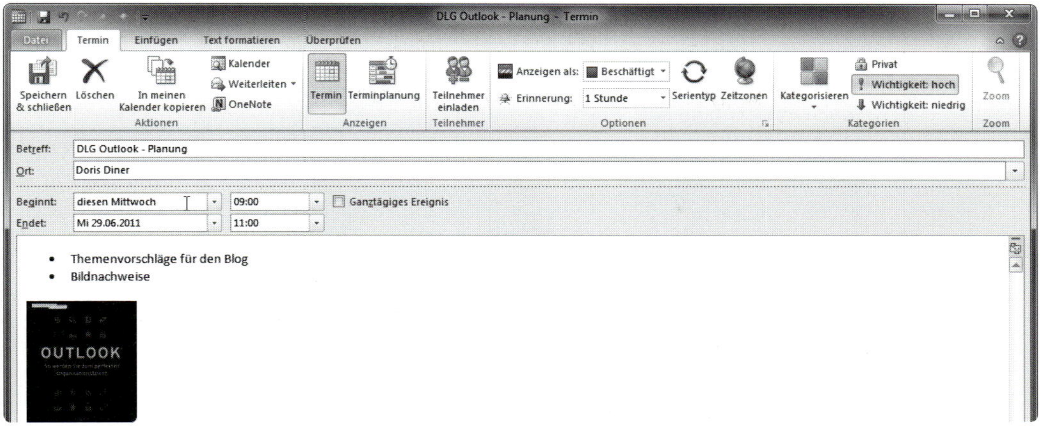

Bild 7.1 Erfassen eines Termins mit Datumsangabe in natürlicher Sprache und Bild im Notizfeld

18 Stunden voreingestellt. Eine **Besprechung** bezieht andere Teilnehmer mit ein, die automatisch per Mail eine entsprechende Anfrage erhalten und bestätigen können.

Termine anlegen

Ein neuer Outlook-Termin lässt sich auf verschiedene Weise anlegen:

Menüband: Ordner **Kalender**, Registerkarte **Start > Neuer Termin** wählen.

Tastenkombination: **Strg + 2** zum Öffnen des Kalenders drücken, dann **Strg + N** für ein neues Element.

Kalender: Einmal auf den **Tag** (Monatsansicht) oder die **Uhrzeit** (Tages-/Wochenansicht) im Kalender klicken und den Betreff eingeben oder **Doppelklick** auf Tag oder Uhrzeit und weitere Termindaten eingeben. Anfangs- und Endzeit bzw. -datum können Sie auch bereits mit der Maus festlegen, indem Sie den Mauszeiger bei gedrückter Maustaste über die entsprechende Zeitspanne im Kalender ziehen (Uhrzeiten in der Tagesansicht, Tage in der Monatsansicht).

Ein einfacher Termin erfordert nur wenige Angaben (Bild 7.1). Hier Hinweise zu den wichtigsten Feldern und Optionen:

Betreff, Ort: Achten Sie darauf, den **Betreff** so zu formulieren, dass die ersten Buchstaben bereits aussagekräftig sind, weil der Betreff als Terminbeschriftung in der oft „engen“ Kalenderansicht verwendet wird. Die Orte aus den bisherigen Terminen merkt sich Outlook: Sie können einen Ort über die Pfeilschaltfläche rechts vom Feld **Ort** oder mit Hilfe der Taste **Pfeil auf/Pfeil ab** auswählen.

Beginnt, Endet, Ganztägiges Ereignis: Datumsangaben können Sie mit der Maus über die Pfeilschaltflächen aus dem Kalender wählen – mit gedrückter Maustaste auch mehrtägige Termine. Doch Sie können ein Datum auch in natürlicher Sprache eingeben. Probieren Sie einmal Angaben wie „nächsten Dienstag“ oder „drei Tage vor Weihnachten“ oder, im Feld **Endet:**, „in drei Wochen“ – Outlook versteht Sie! Auch Abkürzungen wie „Fr in 3 Wo“ für „Freitag in drei Wochen“ sind möglich. Die Eingabe oder Auswahl einer Beginn- und Ende-Zeit ist nur möglich, wenn **Ganztägiges Ereignis** deaktiviert ist. Ein Termin kann sich dann beispielsweise auch von Donnerstag, 14:00 Uhr, bis Sonntag, 10:00 Uhr erstrecken. Die Auswahlliste für die Uhrzeiten beginnt standardmäßig bei 8:00 Uhr. Dies ist über **Datei > Optionen > Kalender > Arbeitszeit** änderbar.

SPARTIPP

Die Termin-Abstimmung im Team kann eine langwierige Sache sein. Bei Team-Kalendern auf einem Exchange-Server kann die Outlook-Terminplanung (**Besprechung > Terminplanung**) belegte Zeiten grafisch darstellen und automatisch freie Termine finden.

Termin-Inhalt: Das große **Notizenfeld** zum Termin bietet alle Möglichkeiten, die Sie auch von HTML-Mails kennen: Sie können Text formatieren, grafische Elemente einfügen oder Schnellbausteine verwenden (siehe Kapitel 3). Außerdem können Sie über die Registerkarte **Einfügen** auch Verknüpfungen zu anderen Outlook-Elementen hier ablegen und mit einem Doppelklick bei Bedarf öffnen.

Anzeigen als: Auf der Registerkarte **Termin** finden Sie diese Auswahlliste mit vier Kennzeichen (**frei, mit Vorbehalt, beschäftigt, abwesend**). Dies ist zum einen eine farbliche Markierung Ihrer Termine im Kalender, zum anderen werden diese Angaben in öffentlichen (Team-)Kalendern und bei Terminvorschlägen berücksichtigt.

Erinnerung: Wenn Sie an den Termin erinnert werden möchten, wählen Sie den Zeitpunkt, anderenfalls stellen Sie „ohne“ ein. Sie können einen Wert aus der Liste wählen oder manuell eine Zeit eingeben, etwa: „43 Minuten“ oder „5 Tage“. Die Standarderinnerungszeit für Termine stellen Sie unter **Datei > Optionen > Kalender > Standarderinnerungen** ein.

Kategorisieren: Kategorien sind besonders hilfreich, wenn sie Elementtyp-übergreifend verwendet werden. Verwenden Sie beispielsweise eine Kategorie „Fußball“ mit der Farbe Grün für alle Mails, Kontakte, Termine und Aufgaben, die mit Ihrem Lieblingssport zu tun haben, um jederzeit auf den ersten Blick zu erkennen, „worum es geht“.

Bild 7.2 Definition einer Terminserie mit acht Terminen

Privat: Dieses Kennzeichen ist vor allem interessant, wenn Sie Outlook in Verbindung mit einem Exchange Server einsetzen oder Kalender per E-Mail senden möchten (siehe unten). Als „privat“ gekennzeichnete Termine sind für Kollegen oder andere Nutzer, die Zugriff auf das Postfach bzw. den Kalender haben, nicht sichtbar.

Wichtigkeit: Dieses Kennzeichen, das auch für E-Mails zur Verfügung steht, dient der schnellen Unterscheidung von wichtigen und unwichtigen Terminen. Die Symbole (Ausrufezeichen oder Pfeil nach unten) können in Ansichten zur Filterung oder Sortierung genutzt werden. Dies ist jedoch nur dann sinnvoll, wenn das Kennzeichen „wichtig“ tatsächlich konsequent für alle wichtigen Termine aktiviert wird.

Terminserien und wiederkehrende Termine

Terminserien sind Folgen regelmäßig wiederkehrender Termine. In Outlook können Sie dafür flexible Muster vorgeben, in der Art: „jeden dritten Sonntag im Monat mit 12 Wiederholungen“. Je Termin ist allerdings nur ein Serienmuster möglich. Wenn also beispielsweise Ihr Frühschoppen nicht nur an jedem dritten, sondern auch an jedem ersten Sonntag im Monat stattfindet, ist dazu eine zweite Terminserie erforderlich.

1. Für eine Terminserie legen Sie zunächst einen normalen Termin an, mit Betreff, Ort, Startzeit und gegebenenfalls weiteren Kennzeichen. Sie können auch einen vorhandenen Termin jederzeit zu einer Serie machen.

2. Klicken Sie auf **Termin > Serientyp**. Im Dialogfeld **Terminserie** definieren Sie das **Serienmuster**, nach dem Outlook die weiteren Termine automatisch anlegt (Bild 7.2). Je nach Intervall werden andere Parameter eingeblendet.
3. Geben Sie außerdem die **Seriendauer** an bzw. die Anzahl von Wiederholungen, nach denen die Serie enden soll.
4. Speichern Sie die Vorgaben mit **OK**. Mit dem Speichern des Termins trägt Outlook die entsprechenden Folgetermine im Kalender ein.

Wenn Sie später einen Termin aus einer Serie öffnen oder ändern, fragt Outlook nach, ob die Änderung nur für diesen Termin oder für die ganze Serie gelten soll. Um eine Terminserie vollständig zu löschen, öffnen Sie einen Termin, geben in der Bildschirmmeldung **die Serie öffnen** an, und klicken auf **Serientyp**. Im Dialogfeld **Terminserie** können Sie über die Schaltfläche **Serie entfernen** nun alle Folgetermine der Serie löschen.

Termin aus E-Mail oder Aufgabe erzeugen

Oft erfolgt eine Terminabsprache per Mail. Um aus einer solchen Mail ein Termin-Element zu erzeugen, klicken Sie darauf im Mail-Ordner, halten die Maustaste gedrückt und ziehen es so auf die **Kalender**-Schaltfläche links unten in der Ordnerliste. Wenn Sie dort die Maustaste loslassen, wird ein neuer Termin geöffnet, der **Betreff** wird übernommen. Außerdem wird der Inhalt der Mail in das Notizenfeld des Termins eingefügt. Sie brauchen jetzt nur noch die Angaben in den Feldern **Beginnt:** und **Endet:** sowie gegebenenfalls weitere Einstellungen und Daten zu ergänzen.
Falls Sie nicht die gesamte Mail in den Termin übertragen möchten, können Sie die Mail zunächst öffnen und dort den gewünschten Teil des Inhalts markieren. Legen Sie nun den markierten Inhalt mit gedrückter Maustaste über der **Kalender**-Schaltfläche ab. Der Inhalt wird in den neuen Termin übernommen, den **Betreff** müssen Sie noch eingeben.

Termin aus Einladung bzw. Besprechungsanfrage, Einladungen versenden

Gemeinsame Termine – ob im Team, im Vereins- oder Freundeskreis oder in der Familie – lassen sich sehr elegant als Outlook-Besprechung organisieren. Dazu legen Sie einen Termin als Besprechung an (**Kalender > Start > Neue Besprechung**), oder Sie klicken für einen vorhandenen Termin auf der Registerkarte **Termin** auf **Teilnehmer einladen**. Der wesentliche Unterschied zur Terminerfassung liegt darin, dass Sie hier ein E-Mail-Adressfeld (**An:**) und eine **Senden**-Schaltfläche finden. Geben Sie also die Termindaten ein, dann die E-Mail-Adressen der Empfänger oder eine Empfängergruppe/ Verteilerliste, und klicken Sie schließlich auf **Senden**. Die Besprechungseinladung wird damit in Ihren Mail-Ausgang gelegt. Die Outlook-Nutzer unter den Empfängern können den Termin mit einem Mausklick bestätigen und auch gleich in ihre Kalender übernehmen. Auch eine Absage oder ein alternativer Terminvorschlag lassen sich sehr einfach erstellen.

Als Terminersteller können Sie ebenfalls alternative Termine vorschlagen oder den Termin wieder absagen – die Eingeladenen erhalten automatisch eine Mail, die (mit Outlook) beim Öffnen den Termin aus dem Kalender entfernt.

Termine und Kontakte verknüpfen

Eigentlich ist es naheliegend, Kontakte und Termine auch unabhängig von der Besprechungsfunktion miteinander zu verknüpfen, um dann beispielsweise im Personenbereich (siehe Kapitel 6) die Termine mit der Person sehen zu können. Diese Möglichkeit gab es in älteren Outlook-Versionen, und es gibt sie – fast – auch in Outlook 2010. Wieso fast?

Zunächst muss das Kontaktfeld, das unterhalb der Terminnotizen angezeigt wird, in den Optionen aktiviert werden: **Datei > Optionen > Kontakte > Mit dem aktuellen Element verknüpfte Kontakte anzeigen**.

SPARTIPP

Die **Aufgabenleiste**, die Sie in den Ordnern **E-Mail**, **Kontakt** und **Aufgaben** rechts am rechten Rand des Outlook-Fensters aktivieren können, zeigt standardmäßig einen Monatskalender („Datumsnavigator“) und eine Terminliste. Klicken Sie dort auf ein Datum, wird die entsprechende Tages-Kalenderansicht geöffnet. Klicken Sie auf einen Termin, wird dazu die Registerkarte **Termin** aktiviert.

Nun können Sie zwar über die eingeblendete Kontakt-Schaltfläche Outlook-Kontakte zum Termin hinzufügen. Die Anzeige der verknüpften Termine auf der Aktivitätenseite im Personenbereich oder über **Anzeigen > Aktivitäten** im Kontakt funktioniert allerdings derzeit noch nicht.

Termine per Datei austauschen

Kontaktinformationen/Visitenkarten lassen sich als .vcf-Dateien per Mail austauschen, wie im vorhergehenden Kapitel gezeigt. Ähnliches gibt es auch für Termine. Hier stehen sogar zwei Standardformate zur Wahl: iCalendar (Dateiendung .ics) und vCalendar (.vcs). Beides sind Standardformate und können von den meisten Terminverwaltungsprogrammen erzeugt bzw. importiert werden.

Auf diese Weise können Sie also Ihre Outlook-Termine mit Nutzern von Thunderbird/Lightning, Google Calendar, Apples iCal, Lotus Notes, Windows Live und vielen anderen Systemen austauschen.

Um einen Termin, den Sie auf diese Weise als Anlage einer E-Mail erhalten, in den Outlook-Kalender zu übernehmen, genügt ein Doppelklick auf die entsprechende Anlage.

Um selbst einen Termin weiterzugeben, können Sie so vorgehen:

1. Legen Sie einen neuen Termin an, oder öffnen Sie einen vorhandenen Termin.
2. Klicken Sie auf der Registerkarte **Termin**, im Abschnitt **Aktionen**, auf den kleinen Pfeil neben der Schaltfläche **Weiterleiten**.
3. Wählen Sie **Als iCalendar weiterleiten**.
4. Outlook legt eine neue E-Mail an. Als Anlage ist eine .ics-Datei angefügt mit dem Namen des Termin-Betreffs. Geben Sie die Empfänger an, verfassen Sie einen Nachrichtentext, und klicken Sie auf **Senden**.

Feiertage importieren

Outlook kennt die Feiertage – und zwar nicht nur die deutschen, sondern auch die vieler anderer Länder –, zeigt diese aber standardmäßig nicht an. So gehen Sie vor, um die Feiertage in Ihren Kalender einzutragen:

1. Wählen Sie **Datei** > **Optionen** > **Kalender**.
2. Im Abschnitt **Kalenderoptionen** klicken Sie auf die Schaltfläche **Feiertage hinzufügen....**
3. Aktivieren Sie in der Auswahlliste eine oder mehrere der gewünschten Optionen. Neben **Deutschland** und den weiteren Ländern stehen auch **Christliche religiöse Feiertage** und **Islamische religiöse Feiertage** zur Wahl.
4. Bestätigen Sie mit **OK**. Die Feiertage werden importiert und im Kalender mit Angabe der Region angezeigt.

Fokus: Ferien und Bundesliga – Kalender importieren oder abonnieren

Per iCalendar-Dateiformat können auch ganze Terminsammlungen übermittelt werden. Auf diese Weise lassen sich etwa Ferientermine für ein ganzes Jahr auf einmal in einen Outlook-Kalender importieren. Im Internet finden Sie solche iCalender-Dateien kostenlos zum Herunterladen (siehe URL-Box). Neben Ferienterminen für einzelne Bundesländer gibt es auch die Bundesliga-Spieltermine Ihres Lieblingsvereins, die Formel-1-Saison

oder Spieltage anderer Sportarten, Steuer-Fälligkeiten, Kino-Filmstarts und mehr.
Dabei ist zu unterscheiden zwischen dem einmaligen Import der Termine bzw. des Kalenders und einem sogenannten „Internetkalenderabonnement“.
Für den einmaligen Import laden Sie die Datei herunter und öffnen sie mit einem Doppelklick in Outlook. Wenn Sie dagegen einen Online-Kalender abonnieren, werden später laufende Aktualisierungen automatisch in Ihren Outlook-Kalender übernommen. Um eine Online-ICS-Datei zu abonnieren, öffnen Sie in Outlook die Kalenderansicht, klicken mit der rechten Maustaste in der Navigationsleiste auf **Meine Kalender** oder eine andere Kalendergruppe (siehe unten). Im Kontextmenü wählen Sie jetzt **Kalender hinzufügen > Aus dem Internet**. Nun brauchen Sie nur noch die Web-Adresse der ICS-Datei in das Adressfeld zu kopieren und mit **OK** zu bestätigen.

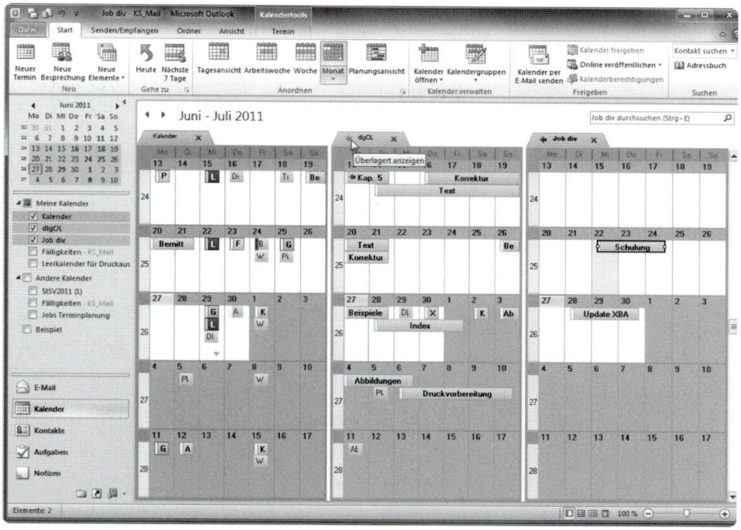

Bild 7.3 Monatsansicht mit drei Kalendern nebeneinander

Kalender

Was Ordner und Ansichten für die übrigen Outlook-Elemente, sind Kalender und Kalender-Ansichten für die Termine. Wenn Sie den Kalender-Ordner öffnen, sehen Sie auf der Registerkarte **Start** die wichtigsten Funktionen. Den Abschnitt **Neu** kennen Sie bereits vom Anlegen neuer Termine und Besprechungen.
Über die Schaltflächen in den Abschnitten **Gehe zu** und **Anordnen** steuern Sie die Kalender-Ansichten. Zunächst können Sie die Kalenderanzeige mit einem Mausklick zwischen

TIPP

Ideal für die Terminfindung: Sie können **beliebige, auch nicht zusammenhängende Tage** nebeneinander anzeigen, indem Sie diese Tage im Monatskalender der Navigationsleiste anklicken und dabei die Taste **Strg** gedrückt halten.

Tages-, Wochen-, Monats- und Planungsansicht umschalten. Für die **Monatsansicht** kann über die Pfeilschaltfläche zusätzlich der Detailgrad gewählt werden. Die **Planungsansicht** ist mit Outlook 2010 neu hinzugekommen. Sie ist insbesondere dann sinnvoll, wenn mehrere Kalender – eigene oder die von Teamkollegen – vertikal übereinander angezeigt werden sollen. So erkennen Sie besonders schnell Überschneidungen. Oberhalb der Kalenderansicht wird das aktuell angezeigte Datum bzw. der Zeitraum angegeben (Bild 7.3). Links daneben sind kleine Pfeilschaltflächen, mit denen Sie je nach Kalender tage-, wochen- oder monatsweise vor- und zurückblättern. Wenn Sie eine Zelle im Kalender markiert haben, können Sie sich auch mit den Pfeiltasten im Kalender vor- und zurückbewegen. In diesem Zusammenhang ist die Schaltfläche **Heute** im Abschnitt **Gehe zu** wichtig, über die Sie die Kalenderanzeige auf den aktuellen Zeitraum zurücksetzen. Die Schaltfläche **Nächste 7 Tage** entspricht einer Wochenansicht, die mit dem aktuellen Tag beginnt. Über das winzige Pfeilsymbol rechts neben **Gehe zu** oder mit **Strg + G** blenden Sie den Dialog **Gehe zu Datum** ein, in dem Sie gezielt ein beliebiges Datum und die gewünschte Kalenderansicht eingeben können.

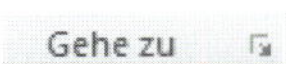

Dieses winzige Pfeilsymbol finden Sie auch im Abschnitt **Anordnen**. Dort führt es Sie direkt zu den Outlook-Kalenderoptionen.

Terminplanung mit der Maus

In der Kalenderansicht lässt sich sehr gut „intuitiv" arbeiten. Dazu einige Beispiele: Um einen neuen Termin einzutragen, klicken Sie doppelt auf den Tag oder, in der Tagesansicht, die Startzeit. Für einen mehrtägigen Termin markieren Sie zunächst mit gedrückter Maustaste die zusammenhängenden Tage, klicken dann mit der rechten Maustaste auf die Auswahl und wählen im Kontextmenü **Neuer Termin**.

Mit der Maus können Sie auch vorhandene Termine verschieben oder kopieren. Dazu klicken Sie mit der rechten Maustaste auf den „Balken", der den Termin repräsentiert, halten die Maustaste gedrückt und ziehen ihn an die gewünschte Position. Beim Loslassen der Maustaste wird ein Kontextmenü eingeblendet, in dem Sie zwischen **Verschieben** und **Kopieren** des Termins wählen oder den Vorgang **abbrechen** können.

Selbstdefinierte Ansichten mit dem **Ansichtentyp „Skala"** können beispielsweise für **Projektplanungen** sehr hilfreich sein: Die Termine werden entlang einer **Zeitachse** dargestellt.

TIPP

Ein mehrtägiger Termin muss verlängert oder verkürzt werden? Kein Problem: Stellen Sie die Monats- oder Wochenansicht ein. Klicken Sie im Kalender einmal auf den Terminbalken. Positionieren Sie nun den Mauszeiger so über dem linken oder rechten Rand des Balkens, dass er zu einem Doppelpfeil wird. Nun können Sie mit gedrückter Maustaste den Termin in die gewünschte Richtung „strecken" oder „stauchen".

Auf ähnliche Weise können Sie auch nicht-ganztägige Termine kopieren, verschieben, verlängern oder verkürzen. In der Wochenansicht können Sie so beispielsweise einen Termin sehr schnell mit der Maus von Dienstag, 10:00 - 14:00 Uhr, auf Donnerstag, 8:00 - 12:00 Uhr, verschieben. Die Termindauer ändern Sie, indem Sie den unteren oder oberen Terminrahmen mit gedrückter Maustaste ziehen.

Kalenderansicht anpassen

Outlook bietet einige Optionen zur „Fein-Einstellung" der Kalenderansichten, die Sie sich einmal anschauen sollten. Wählen Sie dazu **Datei > Optionen > Kalender**.

Der Abschnitt **Arbeitszeit** betrifft das Zeitraster der Tagesanzeige sowie die Tage, die in der Ansicht **Arbeitswoche** enthalten sind.

Im Abschnitt **Kalenderoptionen** sind insbesondere die **Farb- und Schriftarteinstellungen** interessant. Auch die Anzeige der Wochennummern am linken Rand der Monatsansicht ist oft hilfreich. Die beiden Optionen im Abschnitt **Terminplanungs-Assistent** zur Anzeige von Kalenderdetails sind ebenfalls empfehlenswert: Die **QuickInfo**, die zu einem Termin eingeblendet wird, wenn Sie den Mauszeiger über dem Terminbalken positionieren, zeigt dann auch Termindetails aus den Terminnotizen mit an.

Eigene Ansichten und Listenansicht definieren

Obwohl die Standard-Kalenderansichten bereits sehr vielseitig und übersichtlich sind, gibt es auch bei der Terminverwaltung manchmal Bedarf an eigenen Ansichten. Diese können Sie in derselben Weise für die anderen Outlook-Elemente selbst definieren (siehe auch Kapitel 5). Auch die Druckausgabe basiert auf der jeweils gewählten Ansicht und kann so individuell gestaltet werden. Hier die Vorgehensweise am Beispiel einer tabellarischen Terminübersicht bzw. Terminliste:

1. Öffnen Sie den Ordner **Kalender** und dort die Registerkarte **Ansicht** (Outlook 2007: **Ansicht > Aktuelle Ansicht**).
2. Klicken Sie auf **Ansicht ändern**. Hier sehen Sie weitere vordefinierte Terminansichten. Probieren Sie aus, ob die gewünschte Ansicht bereits dabei ist. Anderenfalls klicken Sie unter **Ansicht ändern** auf **Ansichten verwalten...** (Outlook 2007: **Ansichten definieren**).
3. Im Dialogfeld **Alle Ansichten verwalten** klicken Sie auf **Neu...**. Geben Sie einen Namen für die neue Liste ein, zum Beispiel „Terminliste“.
4. Wählen Sie als Ansichtentyp **Tabelle** (zu „Skala“ siehe Tipp-Box), und geben Sie an, für welche Ordner die Ansicht zur Verfügung stehen soll, in der Regel alle des Typs „Kalender“. Klicken Sie auf **OK**.
5. Legen Sie jetzt die **Erweiterten Ansichtseinstellungen** fest, wie in Kapitel 5 beschrieben: Wichtig sind die **Spalten** (welche Daten sollen angezeigt werden?), die **Sortierung** (nach welchem Feld? auf- oder absteigend?), gegebenenfalls ein **Filter** (welche Termine sollen überhaupt berücksichtigt werden?) sowie die **Formatierungsangaben**.
6. Schließen und speichern Sie die erweiterten Einstellungen mit **OK**.

Wenn Sie eine Ansicht wählen, die nicht den Typ „Tages-/Wochen-/Monatsansicht“ hat, werden diese Schaltflächen auch nicht im Menüband angezeigt. Sie müssen also zunächst wieder auf die Kalenderansicht umschalten (**Ansicht > Ansicht ändern**).

Bedingte Formatierung

Die aus den vorhergehenden Kapiteln bekannten Kategorien können Sie auch für Termine nutzen, um diese farblich zu kennzeichnen. Eine komfortable Alternative dazu ist aber das automatische Einfärben mit Hilfe der **„bedingten Formatierung“**:

1. Öffnen Sie im Ordner **Kalender** die Registerkarte **Ansicht**, und klicken Sie auf **Ansichtseinstellungen**.
2. Klicken Sie auf die Schaltfläche **Bedingte Formatierung** und dann auf **Hinzufügen**.
3. Geben Sie einen **Namen** für diese Bedingung ein, und wählen Sie eine **Farbe** aus dem Listenfeld.
4. Klicken Sie nun auf die Schaltfläche **Bedingung**. In dem nun eingeblendeten Dialog **Filtern** können Sie ein Wort angeben, zum Beispiel **Suchen nach:** „Skatrunde“,

das im Betreff des Termins und/oder in den Terminnotizen vorkommt (**In:**). Sie können als Bedingung aber auch einen **Teilnehmer**, eine **Zeit** oder diverse **weitere Optionen** definieren (siehe auch „Regeln“ in Kapitel 5).

5. Bestätigen Sie alle Dialogfelder mit **OK**.

Ist die hier angegebene Bedingung erfüllt, wird einem Termin automatisch die gewählte Farbe zugewiesen (Bild 4.9). Falls Sie die Ordnungsfunktionen **Kategorie** und **bedingte Formatierung** gleichzeitig verwenden, „gewinnt“ im Zweifelsfall die Farbe der Kategorie.

Mehrere Kalender und Kalendergruppen

Ihre Termine verwalten Sie in einem oder mehreren Kalendern - so wie Sie Mails, Kontakte oder Aufgaben in Ordnern verwalten. Wie bei den Ordnern können Sie auch beliebig viele Kalender anlegen, diese in Gruppen organisieren und nach Bedarf ein- und ausblenden. Dies ist besonders sinnvoll, um die Termine verschiedener Lebensbereiche zu trennen. Legen Sie beispielsweise eigene Kalender für private und berufliche Termine oder für einzelne Projekte, für Termine Ihrer Kinder, Ihres Vereins etc. an.

Durch das Verteilen Ihrer Termine auf mehrere Kalender gewinnen Sie Übersicht: Sie können mehrere Kalender nebeneinander anzeigen lassen, aber auch die Termine aus mehreren Kalendern in einer gemeinsamen Ansicht „übereinanderlegen“.

Ein weiteres starkes Argument für mehrere Kalender ist die bessere Kontrolle: Sie können ganze Kalender per Mail senden oder für andere freigeben (siehe unten). Ein Beispiel: Alle Termine Ihres Sportvereins erfassen Sie in einem separaten Kalender. Sie können diesen Kalender an Ihre Sportfreunde senden, ohne befürchten zu müssen, dass auch private oder geschäftliche Termine mitgesendet werden.

Zu guter Letzt lassen sich die Archivierungseinstellungen für das automatische Löschen oder Sichern der Daten (siehe Kapitel 10) je Ordner regeln. Organisieren Sie beispielsweise Termine, die langfristig archiviert werden sollen, in einem separaten Kalender.

Am einfachsten geschieht die Verwaltung Ihrer Kalender und Kalendergruppen über das Menüband **Start**, Abschnitt **Kalender**

TIPP

Wenn Sie eine Windows Live ID haben, können Sie E-Mails, Kontakte und Kalender zwischen Ihrem Online-Konto und Outlook synchronisieren. Dazu installieren Sie den Microsoft Office Outlook Connector und aktivieren das entsprechende Add-In (siehe Kapitel 6). Mehr dazu im DIGITAL*lifeguide* „Windows Live“ (erscheint Ende 2011).

verwalten: Einen neuen Kalender legen Sie über **Kalender öffnen > Neuen leeren Kalender erstellen** an (Typ: Kalender, Ordner: Kalender). Kalender können Sie in Gruppen zusammenfassen und so eine übergeordnete Hierarchiestufe einfügen. Standardmäßig ist die Kalendergruppe „Meine Kalender" vorgegeben. Die Kalendergruppen werden in der Navigationsleiste angezeigt. Wählen Sie zum Anlegen **Start > Kalendergruppen** und dann eine der beiden Optionen. Ihre Kalender können Sie dann in der Navigationsleiste durch Ziehen und Ablegen mit der Maus den Gruppen zuordnen.

Kalender überblenden/nebeneinander anzeigen

Standardmäßig werden die in der Navigationsleiste aktivierten Kalender im Ansichtsbereich nebeneinander angezeigt. Sie können die Termine aber auch gemeinsam – überlagert – anzeigen: Klicken Sie dazu auf den Pfeil im Register-Reiter eines Kalenders neben dem Kalendernamen. Ein erneuter Klick auf den Pfeil ordnet die Kalender wieder nebeneinander an. Zum Kopieren eines Termins in einen anderen Kalender ziehen Sie diesen einfach mit gedrückter Maustaste herüber, zum Verschieben halten Sie dabei die **Umschalt**-Taste gedrückt.

Kalender freigeben, Team-Kalender

Outlook kann Kalender aus dem Internet einbinden und anzeigen. Das ist hilfreich, wenn Sie mit einem Team auf einen gemeinsamen Kalender zugreifen wollen. Auch wenn Sie viel unterwegs sind und Ihren Outlook-Rechner nicht dabei haben, kann ein Web-Kalender die Lösung sein.

Sie können Kalender auf einem eigenen Server freigeben. Weil dies jedoch eine recht hohe Hürde darstellt, bietet Microsoft den kostenlosen Online-Dienst **Office.com** dafür an. Zur Nutzung benötigen Sie eine **Windows Live ID**, die Sie unter **www.windowslive.de** einrichten können (siehe auch DIGITAL*lifeguide* „Windows Live" (erscheint Ende 2011) oder DIGITAL*lifeguide* „Organisiert"). Ihre Kalenderdaten können Sie dann auf einem Microsoft-Server speichern. Trotzdem behalten Sie – wenn Sie möchten – die Kontrolle darüber, wer auf den Kalender zugreifen darf. Für viele Zwecke ist dies eine praktische Lösung, nur für besonders sensible, vertrauliche Daten wäre stattdessen ein eigener Server angeraten. Um einen Kalender auf Office.com freizugeben, gehen Sie so vor:

1. Öffnen Sie den freizugebenden Kalender, und schließen Sie Kalender, die nicht freigegeben werden sollen.

2. Klicken Sie auf **Start > Online veröffentlichen > Auf Office.com veröffentlichen**.
3. Geben Sie Ihre **Windows Live ID** an, bzw. richten Sie diese über den Link ein.
4. Bestätigen Sie die **Vertragsbedingungen**, wie angegeben.
5. Legen Sie fest, ob eine **Zeitspanne** oder der vollständige Kalender veröffentlicht werden sollen. Wählen Sie, welche **Details** sichtbar sind, und ob **nur eingeladene Benutzer** oder jeder den Kalender abonnieren kann (Bild 7.4). Bestätigen Sie mit **OK**.

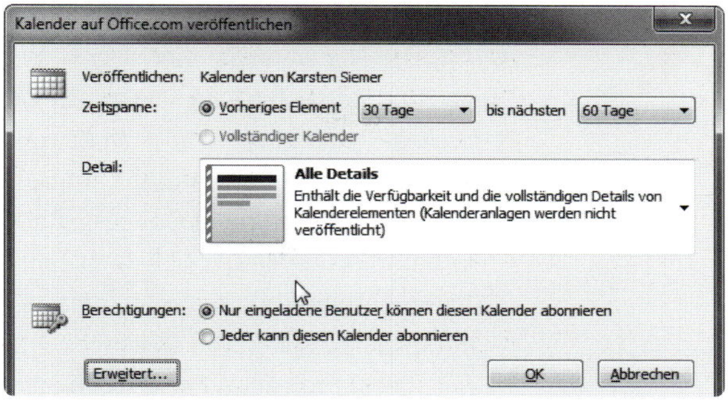

Bild 7.4 Detaileinstellung für Kalender auf Office.com

6. Es wird automatisch eine Mail mit einer Freigabeverknüpfung erstellt: Tragen Sie die Empfänger ein, und senden Sie diese Mail.
7. Sie und die Empfänger, die Ihren Kalender mit Outlook oder einem anderen Programm abonnieren, können nun gemeinsam darauf zugreifen. Terminänderungen werden automatisch online aktualisiert.
8. Um die **Freigabeeinstellungen** zu ändern oder Berechtigungen zurückzunehmen, klicken Sie mit der rechten Maustaste auf den Kalender in der Navigationsleiste. Wählen Sie **Freigeben** und dann die entsprechende Option.

Kalender drucken

Über die Druckfunktion von Outlook wird immer nur ein Kalender berücksichtigt. Wenn Sie Ihre Termine auf mehrere Kalender verteilen, werden diese also nicht zusammen ausgegeben. Sollte dies doch einmal erforderlich sein, oder möchten Sie bestimmte Termine im Druck nicht berücksichtigen, dann legen Sie einen neuen Kalender nur für die Druckausgabe an, und kopieren Sie alle gewünschten Termine dort hinein (am schnellsten durch „Ziehen und Ablegen“ mit der Maus aus nebeneinander angeordneten Kalendern). Falls Sie jedoch häufig beispielsweise Kalender unter Ausschluss der privaten Termine drucken möchten, lohnt es sich, dafür eine neue Ansicht zu erstellen, die solche Termine herausfiltert. (Für Ansichten-Profis: In diesem Beispiel wäre das ein erweiterter Filter mit dem Kriterium „Vertraulichkeit ungleich Privat“.) Das klingt kompliziert, doch keine Angst, der normale Druckvorgang ist einfach und flexibel:

1. Öffnen Sie in der Navigationsleiste den gewünschten Kalender, und wählen Sie eine Ansicht. Nur wenn Sie eine Tages-, Wochen- oder Monatsansicht wählen, stehen diese Formate auch für den Druck zur Wahl.
2. Stellen Sie die Ansicht auf den gewünschten Zeitraum ein.
3. Klicken Sie nun im Menüband auf **Datei** und dort auf **Drucken**.
4. Der Druckbildschirm in Outlook 2010 zeigt rechts eine aktuelle **Druckvorschau** und in der Mitte unten, im Abschnitt **Einstellungen**, die für die gewählte Ansicht verfügbaren Formate. Klicken Sie einmal auf die verschiedenen Formate, um jeweils eine Vorschau zu sehen. Im **Dreifachformat** beispielsweise haben Sie je Tag eine Seite mit Tagesterminen, Aufgabenliste und der entsprechenden Wochenansicht.
5. Standardmäßig würde der Ausdruck für den oben gewählten Zeitraum erfolgen. Das heißt: Wurden beispielsweise in der Ansicht sechs Wochen ganz oder teilweise gezeigt, dann wird der Druck im Wochenkalenderformat sechs Seiten umfassen. Diesen Zeitraum können Sie über die **Druckoptionen** noch ändern.
6. Wenn Sie keine weiteren Anpassungen vornehmen möchten, wählen Sie den gewünschten **Drucker** aus, und starten Sie den Druck mit Klick auf die Schaltfläche **Drucken**.
7. Für weitere Anpassungen klicken Sie auf die Schaltfläche **Druckoptionen**. Im Optionen-Dialog können Sie den Drucker, den Kalender, den Seitenbereich und den Zeitraum ändern sowie die Anzahl der Exemplare wählen. Auch das Druckformat kann hier noch geändert werden. Ganz unten im Dialog finden Sie die Option, dass Details von Terminen, die als „privat“ gekennzeichnet sind, nicht gedruckt werden.
8. Über die Schaltfläche **Seite einrichten** öffnen Sie einen Dialog mit weiteren Optionen für diesen Druckvorgang (Bild 7.5). Hier können Sie das Papierformat sowie Kopf- und Fußzeilen anpassen. Welche Optionen auf der Registerkarte **Format** verfügbar sind, hängt von dem gewählten Druckformat ab. Die Miniatur-Vorschau oben auf der Registerkarte zeigt die gewählten Einstellungen grob an. Zwei interessante Optionen sind das Hinzufügen der Aufgabenliste sowie das Einblenden eines Notizenbereichs. Im Monatsformat haben Sie hier die Möglichkeit, die in der Ansicht gezeigten Tage eines Vor- oder Folgemonats nicht zu drucken (**Genau einen Monat pro Seite drucken**). Bestätigen Sie die Änderungen mit **OK**.

TIPP

Wenn Sie einen Kalender ohne Termine drucken möchten, legen Sie dafür einen neuen Kalender an. Öffnen Sie diesen, bevor Sie drucken, und wählen Sie in den Druckoptionen das gewünschte Format. Das funktioniert mit Tages-, Wochen- und Monatsblättern.

9. Über die Schaltfläche **Formate definieren** im Dialogfeld **Drucken** können Sie die Gestaltung der Standardformate anpassen oder eigene Formate anlegen, indem Sie ein vorhandenes Format kopieren und **bearbeiten**. Bei den Seitenformaten finden Sie unter anderem „filofax“, „Chronoplan“ oder „Time/System“. Die Einstellungen, die Sie hier zum Seitenformat, zum Papierformat und zu Kopf- und Fußzeilen vornehmen und mit **OK** bestätigen, bleiben auch über diesen Druckvorgang hinaus gespeichert.

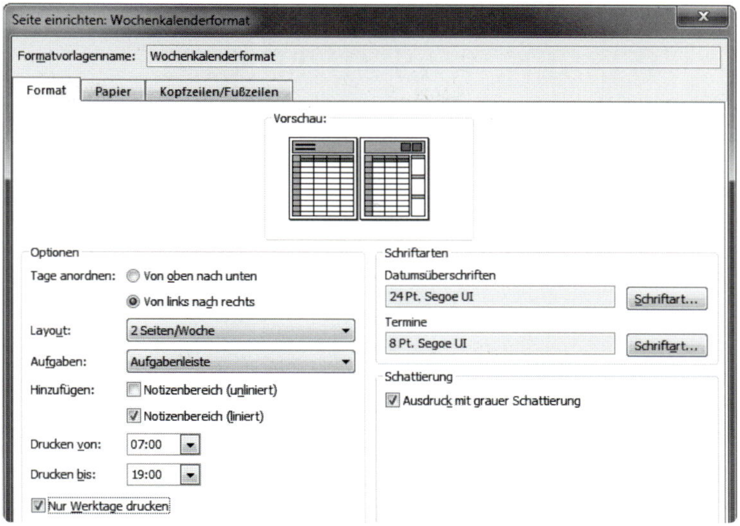

Bild 7.5 Druckgestaltung über die Schaltfläche **Seite einrichten**

Zwischen den Terminen

Durch effizientes Kontakt- und Terminmanagement mit Outlook gewinnen Sie viel Zeit für die Erledigung Ihrer wichtigen Aufgaben. Wie Ihnen Outlook hilft, auch hier den Überblick zu behalten, lesen Sie in den folgenden beiden Kapiteln.

WEB TAGS

iCalendar
vCalendar
Windows Live
Kalenderabonnement
Zeitmanagement
Office.com
Microsoft Office Connector
Kalendervorlagen
Sporttermine ICS

8 WISSEN, WAS ZU TUN IST: AUFGABEN VERWALTEN UND ERLEDIGEN

Die Aufgabenverwaltung von Outlook unterstützt Sie bei einfachen To-do-Listen, aber auch bei komplexen Zeitmanagement-Systemen oder bei der Aufgabenverteilung im Team. Auch die Aufgaben fügen sich hervorragend in die Palette der Outlook-Elemente, denn auch diese können Sie beispielsweise aus E-Mails oder Terminen erzeugen, mit Kontakten verknüpfen und sehr sinnvoll mit Hilfe von Kategorien oder Ordnern verwalten.

Aufgabe oder Vorgang?

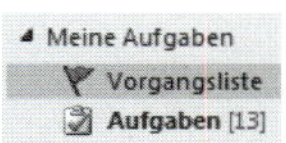

Wenn Sie über die Navigationsleiste den Ordner **Aufgaben** öffnen, sehen Sie die Ordnergruppe **Meine Aufgaben** mit den Ordnern **Vorgangsliste** und **Aufgaben**.
Wo liegt der Unterschied? Als **Vorgänge** werden alle Elemente (E-Mails oder Kontakte) abgelegt, bei denen das **Kennzeichen zur Nachverfolgung** aktiviert ist (siehe Kapitel 5). Eine E-Mail, die Sie zur Nachverfolgung gekennzeichnet haben, erhält damit zwar ein Fälligkeitsdatum, ist aber noch keine Aufgabe im engeren Sinne, da ja nicht explizit gesagt ist, was damit geschehen soll. Sie müssen sich also bei der Wiedervorlage selbst erinnern, was eigentlich damit zu tun ist. Eine Aufgabe hat dagegen in der Regel immer eine Form wie: „Tue dies!“ oder „Erledige das!“ – einen konkreten Handlungsschritt. Die Unterscheidung ist also durchaus sinnvoll. Wenn Sie beides nutzen, fahren Sie jedoch gewissermaßen „zweigleisig“. So praktisch und schnell die „Nachverfolgungskennzeichen“ auch sind – im Sinne einer systematischen Organisation wäre es konsequenter, sich auf Aufgaben zu beschränken, schließlich können Sie aus E-Mails und Kontakten auch Aufgaben erzeugen, wie unten beschrieben. Dennoch lautet unsere pragmatische Empfehlung: Nutzen Sie beides – Nachverfolgung („Vorgänge“) und Aufgaben!

Aufgaben anlegen

Es gibt viele Möglichkeiten, eine neue Aufgabe anzulegen:

Menüband: Ordner **Aufgabe**, Registerkarte **Start > Neue Aufgabe** wählen.

Tastenkombination: **Strg + 4** zum Öffnen der Aufgaben-Ansicht, dann **Strg + N** für ein neues Element.

Aufgaben-Ansicht: Öffnen Sie den Aufgaben-Ordner. Oberhalb der Ansicht (der Aufgabenliste) sehen Sie das Feld **Hier klicken, um Aufgabe zu erstellen** (Bild 8.1). Geben Sie dort den Betreff ein. Auch die weiteren hier angezeigten Felder (= Spalten der Ansicht) können Sie direkt in der Ansicht erfassen oder für vorhandene Aufgaben ändern.

Aus E-Mail, Termin oder Kontakt: Aus diesen anderen Outlook-Elementen lassen sich schnell Aufgaben erzeugen: Markieren Sie das Element in dem jeweiligen Ordner (die Nachricht im Posteingang, die Kontakt-Visitenkarte oder den Termin im Kalender), und ziehen Sie es mit gedrückter Maustaste auf die Schaltfläche **Aufgaben** links unten in der Ordnerleiste. Eine neue Aufgabe wird im **Aufgaben**-Fenster angelegt (das gegebenenfalls hinter dem Outlook-Fenster liegen kann!). Die Element-Daten finden Sie im Notizenfeld; ergänzen, speichern und schließen Sie die Aufgabe. Wenn Sie dieses „Ziehen & Ablegen" mit der gedrückten **rechten Maustaste** ausführen, erhalten Sie in einem Kontextmenü zusätzliche Optionen (Bild 8.2): Wählen Sie hier die Option, das Element als **Aufgabe mit Anlage** zu erstellen, wird anstelle des Inhalts – etwa des Nachrichtentextes – eine Verknüpfung auf das Original-Element im Notizenfeld der Aufgabe angelegt. Sie können dann also durch einen Klick auf das E-Mail-Symbol in der Aufgabe die Original-E-Mail öffnen.

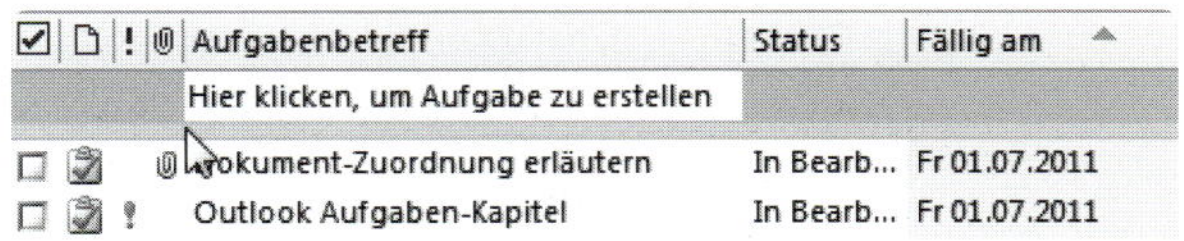

Bild 8.1 Aufgaben direkt in der Ansicht anlegen und bearbeiten

Aufgabenleiste: Wie Sie die Aufgabenleiste aktivieren und konfigurieren, lesen Sie weiter unten in diesem Kapitel. Aufgaben und Vorgänge werden standardmäßig im unteren Teil der Aufgabenleiste angezeigt. Oberhalb der Aufgabenliste sehen Sie ein Eingabefeld **Neue Aufgabe eingeben**. Klicken Sie einfach in dieses Feld, und geben

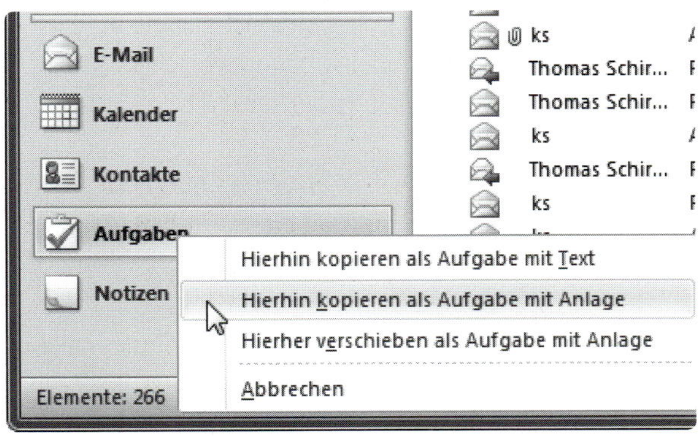

Bild 8.2 E-Mail mit rechter Maustaste hier ablegen

Sie den Aufgaben-Betreff ein, bestätigen Sie mit der **Eingabetaste**. Die Aufgabe ist damit angelegt und kann bei Bedarf mit einem Doppelklick aus der Liste geöffnet werden. Die zunächst voreingestellte Fälligkeit („diese Woche") können Sie dann gegebenenfalls ändern sowie weitere Daten eingeben.

Aufgaben-Daten und Kennzeichen

Eine Aufgabe erfordert im einfachsten Fall nur einen Betreff. In der Regel sind aber weitere Angaben sinnvoll:

Betreff: Dies ist die Beschreibung der Aufgabe, die kurz, aber möglichst konkret formuliert werden sollte.

Beginnt am, Fällig am: Datumsangaben können Sie, wie bei den Terminen im vorhergehenden Kapitel, mit der Maus über die Pfeilschaltflächen aus dem Kalender wählen – durch Ziehen mit gedrückter Maustaste auch Beginn- und Fälligkeit gleichzeitig. Auch die Eingabe in natürlicher Sprache ist hier, wie bei den Terminen, möglich: „letzten Montag", „dritter Freitag im November", „heute", „in acht Wochen", oder auch „di 3 wo" für „Dienstag in drei Wochen" etc.

Status, % erledigt: Für den Status stehen feste Werte zur Wahl. Die Verwendung dieser Kennzeichen ist sinnvoll, wenn Sie Ihre Aufgaben in einer entsprechend definierten Ansicht nach dem Status auswerten oder sortieren möchten. Die Felder **Status** und **% erledigt** sind gekoppelt, das heißt: „nicht begonnen" entspricht „0 %", „in Bearbeitung" entspricht einem Wert zwischen 0 % und 100%, und bei „100%" wird der **Status** automatisch auf „erledigt" gesetzt.

Priorität: Die **Priorität** entspricht der **Wichtigkeit**, die Sie über das Menüband einstellen können. Hier bietet Outlook drei Stufen, mit denen sich aber schon die Eisenhower-Methode bzw. „ABC-Analyse" realisieren lässt (siehe Kapitel 1). Die vierte Eisenhower-Kategorie „weder wichtig noch dringend" haben Sie ohnehin in Form des Papierkorbs. Die Priorität ist als Spalte der Standard-Ansichten für Aufgaben-Elemente vorhanden. Dort sehen Sie also auf einen Blick, ob die Aufgabe eine hohe (rotes Ausrufezeichen), mittlere (kein Symbol) oder niedrige Priorität (blauer Pfeil nach unten) hat. Auch eine Ansicht „nach Priorität" ist standardmäßig vorhanden: Dort werden Aufgaben nach diesem Kennzeichen gruppiert und sortiert.

Erinnerung: Wenn Sie das Kontrollkästchen **Erinnerung** aktivieren, geben Sie in den weiteren Feldern an, wann diese erfolgen soll. Über die Schaltfläche mit dem Lautsprecher-Symbol können Sie einen Klang aktivieren, der dazu abgespielt werden soll.

Aufgaben-Inhalt: Das große **Notizenfeld** zur Aufgabe bietet alle Möglichkeiten, die Sie bereits von HTML-Mails oder Terminen kennen: formatierter Text, grafische Elemente, Hyperlinks, Verknüpfungen zu anderen Outlook-Elementen, Schnellbausteine, Tabellen und, und, und (Kapitel 3).

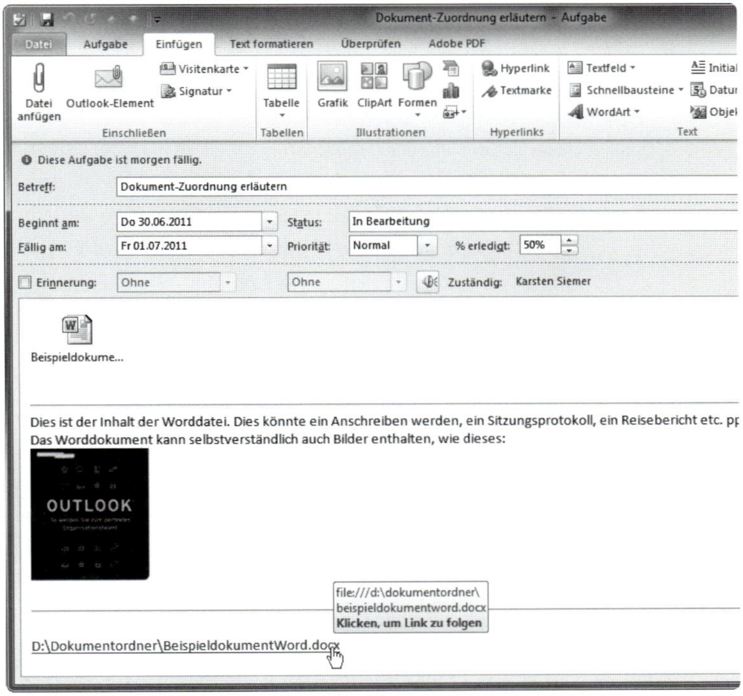

Bild 8.3 Unten: Hyperlink auf die in der QuickInfo angezeigte Datei

Details: Weitere Felder zu Aufgaben werden angezeigt, wenn Sie auf der Registerkarte **Aufgabe** im Abschnitt **Anzeigen** auf **Details** klicken. Diese Angaben (**Gesamtaufwand, Reisekilometer** etc.) dienen vor allem der Auswertung für Statistiken und für Ihre Buchhaltung.

Dokumente und Datei-Inhalte einfügen

Zur Erledigung einer Aufgabe sind häufig Dokumente in Form externer Dateien hilfreich oder notwendig. Das können beispielsweise PDF-Dokumente sein, die wichtige Infor-

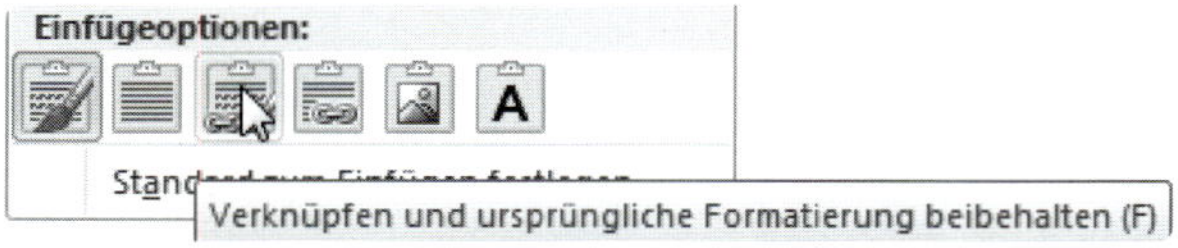

Bild 8.4 Optionen nach Einfügen aus der Zwischenablage

mationen enthalten, oder Word- oder Excel-Dateien, die direkt bearbeitet werden sollen. In solchen Fällen ist es nützlich, entweder den Inhalt der betreffenden Datei selbst in den Aufgabentext einzufügen oder dort eine Kopie oder eine Verknüpfung zur Originaldatei zu hinterlegen. Die letzte Variante ist im Zweifelsfall vorzuziehen, denn so arbeiten Sie mit der Originaldatei und vermeiden Fehler, die durch verschiedene Varianten desselben Dokuments leicht entstehen können. Die Vorgehensweise unterscheidet sich für die drei Varianten erst im letzten Schritt:

1. Klicken Sie in das Notizfeld der Aufgabe. Positionieren Sie die Schreibmarke an der Stelle im Text, an der das Dokument eingefügt werden soll.
2. Klicken Sie auf der Registerkarte **Einfügen** auf die Schaltfläche **Datei anfügen**.
3. In dem nun angezeigten Windows-Standard-Dialog zur Dateiauswahl wechseln Sie in den Ordner, in dem sich das Dokument befindet. Markieren Sie dort die gewünschte Datei.
4. Klicken Sie auf den Pfeil neben der Schaltfläche **Einfügen** unten im Dialogfenster.
5. Wählen Sie eine der Optionen **Einfügen** (fügt eine Kopie der Datei mit dem entsprechenden Dateisymbol ein), **Als Text einfügen** (kopiert den Inhalt der Datei in das Notizfeld, ohne Verknüpfung zur Datei) oder **Als Hyperlink einfügen** (fügt einen Link zur Originaldatei ein).

Das Ergebnis dieser drei Optionen sehen Sie in Bild 8.3 von oben nach unten, jeweils getrennt durch eine horizontale Linie. Die Option **Als Text einfügen** ist nur sinnvoll für Word- oder Textdateien, Bilddateien und ähnliche Daten in einem Format, das im Textfeld lesbar dargestellt werden kann. Dies gilt beispielsweise nicht für PDF- oder komplexe Excel-Arbeitsblätter (dazu siehe folgenden Fokus).

Fokus: Inhalte der Zwischenablage in Outlook-Elemente einfügen

Um Inhalte aus Nicht-Text-Dateien in Ihre Outlook-Elemente zu übernehmen, empfiehlt sich der Weg über die Zwischenablage: Öffnen der Datei, Markieren und Kopieren der gewünschten Inhalte, Einfügen (**Strg + V**) im Outlook-Element. Neben dem eingefügten Inhalt sehen Sie nun eine Schaltfläche mit Pfeil (**Strg**).

Wenn Sie auf den Pfeil klicken, haben Sie die Wahl zwischen diversen Auswahloptionen (Bild 8.4). Bewegen Sie den Mauszeiger über die Optionen, um eine Vorschau zu sehen. Auch hier gibt es Verknüpfungs-Optionen, bei denen die Verbindung zum Ursprungsdokument erhalten bleibt. Wenn Sie diese wählen, können Sie später über das Kontextmenü des eingefügten Inhalts (rechter Mausklick) die Verknüpfung aktualisieren oder die verknüpften Datei-Inhalte im Originaldokument öffnen und bearbeiten.

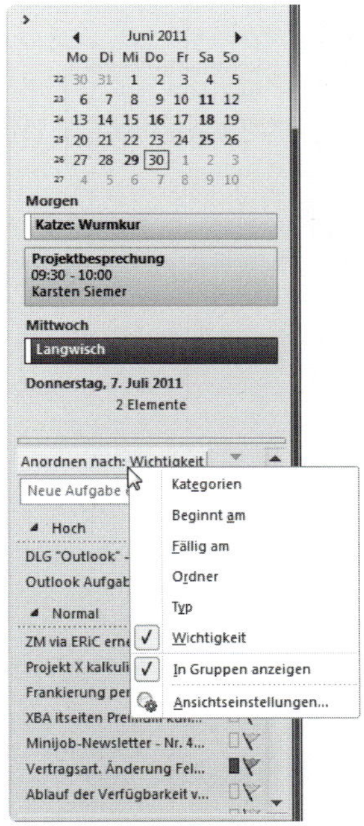

Bild 8.5 Aufgabenliste

Die Aufgabenleiste

Die oben erwähnte Aufgabenleiste wird am rechten Rand des Outlook-Fensters eingeblendet, gewissermaßen „gegenüber" der Navigationsleiste. Sie enthält standardmäßig einen Datumsnavigator (Monatsansicht), eine Terminübersicht und eine Aufgabenliste.

Wenn Sie beispielsweise überwiegend in Ihren E-Mail-Ordnern arbeiten, behalten Sie so doch die anderen wichtigen Outlook-Elemente immer im Blick. Sie können die Aufgabenleiste je Ordner aktivieren, also für E-Mails, Kontakte, Termine, Aufgaben und Notizen unabhängig. Die Einstellung der dort angezeigten Daten gilt jedoch immer für alle Outlook-Ordner gleichermaßen.

1. Öffnen Sie einen Outlook-Ordner und dort die Registerkarte **Ansicht**.
2. Klicken Sie auf die Schaltfläche **Aufgabenleiste**, und wählen Sie die Option **Normal**.
3. Wählen Sie **Aufgabenleiste > Optionen...**, um einzustellen, welche Daten angezeigt werden. Sortieroptionen sehen Sie nach einem Klick auf **Anordnen nach:** (Bild 8.5).
4. Um die Breite der Aufgabenleiste zu verändern, positionieren Sie den Mauszeiger auf der Linie zwischen der Aufgabenleiste und dem Ansichtsbereich des Ordners. Der Mauszeiger wird dann zu einem Doppelpfeil, den Sie mit gedrückter Maustaste nach links oder rechts ziehen.
5. Um den Aufgabenbereich kurzzeitig auszublenden und mehr Platz für die Ansicht zu gewinnen, klicken Sie auf den nach rechts weisenden Pfeil in der oberen linken Ecke (Bild 8.6). Zum Ausklappen der Aufgabenleiste klicken Sie erneut auf den nun nach links weisenden Pfeil. Sie können die Navigationsleiste auf dieselbe Weise auch verkleinern.

Bild 8.6 Leiste einklappen

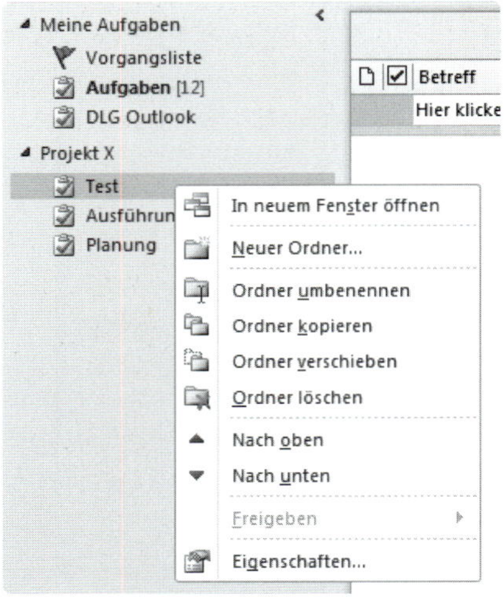

Bild 8.7 Ordnerverwaltung im Kontextmenü

Aufgaben organisieren

Finden Sie heraus, welches System zur Aufgabenverwaltung am besten zu Ihnen passt und Ihrer Arbeitsweise entspricht. Erste Orientierung gibt Ihnen die in Kapitel 1 genannte Literatur zum Zeitmanagement. Mit Hilfe von Ordnern, Ordnergruppen und/oder einem Kategoriensystem lassen sich auch komplexe Systeme wie „Getting Things Done“ mit Outlook-Aufgaben realisieren.

Weil sowohl GTD als auch Outlook sehr populär sind, finden Sie zu dieser Kombination im Internet viele Blogs, Forenbeiträge und Anleitungen. Noch weiter geht das englischsprachige **GTD Outlook Add-In** mit zusätzlichen Funktionen, Eingabemasken und Kategorien. Sie können es kostenlos testen (siehe URL-Box), eine Vollversion kostet etwa 75 Dollar.

Ordner und Ansichten

Aufgabenordner können Sie in Gruppen verwalten. Eine Gruppe lässt sich in der Navigationsliste öffnen oder schließen, sodass die entsprechenden Unterordner ein- oder ausgeblendet werden. Damit fassen Sie etwa die Aufgabenordner eines Projekts zusammen.

Und so legen Sie Ordnergruppen und Ordner für Ihre Aufgaben an:

1. Öffnen Sie den Aufgaben-Ordner. Klicken Sie mit der rechten Maustaste oben in der Navigationsleiste auf den Eintrag **Meine Aufgaben**.
2. Wählen Sie im Kontextmenü **Neue Ordnergruppe**, und geben Sie die Bezeichnung der Gruppe ein. (Über das Kontextmenü der neuen Gruppe können Sie diese bei Bedarf umbenennen.)
3. Um einen neuen Ordner anzulegen, klicken Sie auf **Ordner > Neuer Ordner**. Geben Sie den Ordnernamen ein. Der **Ordnertyp** ist mit **Aufgabe** richtig voreingestellt.
4. Bestätigen Sie mit **OK**.
5. Ziehen Sie in der Navigationsleiste den Ordner mit gedrückter Maustaste auf die gewünschte Ordnergruppe.

6. Die Position eines Ordners innerhalb der Gruppe können Sie über die Kontextmenü-Befehle **Nach oben** und **Nach unten** verändern (Bild 8.7).
7. Aufgaben erstellen Sie entweder direkt in dem neuen Ordner, oder Sie ziehen diese mit gedrückter Maustaste aus einer Aufgabenansicht eines anderen Ordners auf den Zielordner in der Navigationsleiste.

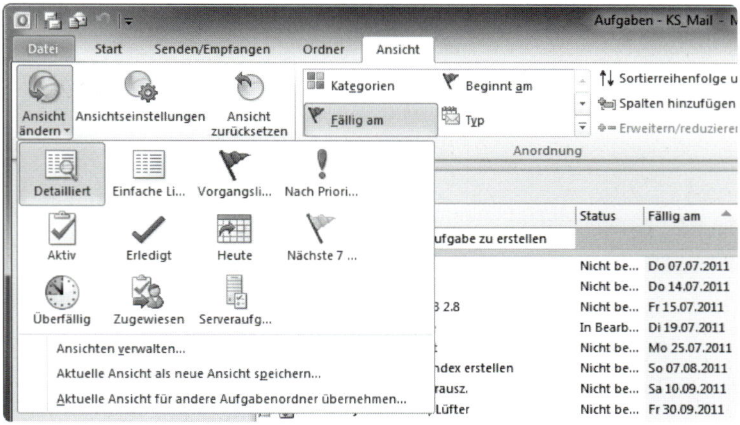

Bild 8.8 Die vordefinierten Aufgaben-Ansichten in der Auswahl

Die Aufgaben können Sie in den Ordner-Ansichten neu anlegen, wie oben beschrieben, aber auch direkt bearbeiten oder auch als erledigt kennzeichnen. Standardmäßig sind bereits einige Ansichten vorgesehen, die Sie wie bei den anderen Outlook-Elementen auch hier über **Ansicht > Ansicht ändern** auswählen (Bild 8.8). Sollte für Ihre Zwecke nicht das Richtige dabei sein, können Sie eigene Ansichten definieren (siehe Kapitel 5).

Kategorien

Zusätzlich zu den Prioritäten bietet es sich besonders für die Aufgabenverwaltung an, die Kategorien zu nutzen. So können Sie Aufgaben gleichzeitig thematisch, nach Typ (Anrufen, Besorgen, am Computer, zu Hause, Infos sammeln oder ähnlich) und nach Dringlichkeit (sofort/möglichst bald/irgendwann) kennzeichnen. Sortieren Sie Ihre Ansichten nach Kategorien, um wichtige Aufgaben im Blick zu behalten.

Aufgaben als erledigt kennzeichnen und löschen oder archivieren

Erledigte oder nicht mehr aktuelle Aufgaben können Sie löschen oder als erledigt kennzeichnen, wenn Sie sie weiterhin speichern und gegebenenfalls später auswerten möchten. Dazu klicken Sie im Aufgaben-Fenster auf die Schaltfläche **Als erledigt markieren,** oder Sie setzen in einer Aufgaben-Ansicht das Häkchen in der Spalte **Erledigt** (erkennbar an der Check-Box im Spaltentitel).

Aufgaben im Team

Auch berühmte und erfolgreiche Amerikaner sind sich in der Frage des Delegierens nicht einig: Während der dritte Präsident der USA, Thomas Jefferson, noch riet: „Mit dem, was du selbst tun kannst, bemühe nie andere“, sagte der Bankier John D. Rockefeller später: „Ich arbeite nach dem Prinzip, dass man niemals etwas selbst tun soll, was jemand anderer für einen erledigen kann.“ Der zweite Standpunkt hat sich offensichtlich durchgesetzt, denn ein weiterer US-Präsident, Dwight D. Eisenhower, empfiehlt in der nach ihm benannten „Eisenhower-Methode“, alle Aufgaben der Kategorie „nicht wichtig, aber dringend“, wenn möglich, zu delegieren (siehe Kapitel 1). Tatsache ist, dass zu einem effektiven Teamwork immer auch eine effiziente Aufgabenverteilung gehört. Und da kommt Outlook ins Spiel.

Aufgaben delegieren und annehmen

Eine Aufgabe können Sie hier schon beim Erfassen oder zu einem späteren Zeitpunkt sehr einfach per E-Mail an andere übertragen:

1. Legen Sie eine neue Aufgabe an, oder öffnen Sie eine vorhandene.
2. Klicken Sie auf der Registerkarte **Aufgabe** auf **Aufgabe zuweisen**.
3. Es werden nun zusätzliche Felder eingeblendet. Im Feld **An...** geben Sie die E-Mail-Adresse eines oder mehrerer Empfänger oder auch eine Empfänger-Gruppe an. Geben Sie außerdem an, ob eine Kopie der Aufgabe in Ihrer eigenen Aufgabenliste gespeichert werden soll und ob Sie einen Statusbericht erhalten möchten (per E-Mail), wenn der Empfänger die Aufgabe als „erledigt“ kennzeichnet. (Diese beiden Felder

URL

Das sind die Links zu diesem Kapitel:

- https://gtdsupport.netcentrics.com/buy/indexd.php (GTD Outlook Add-In:)
- www.aaronklein.com/2010/10/managing-your-task-list/ (Blog von Aaron Klein)
- http://office.microsoft.com/de-ch/outlook-help/CH010371345.aspx (Microsoft Exchange)

können Sie in den Outlook-Optionen standardmäßig aktivieren.) Geben Sie einen Mail- bzw. Aufgabentext als Erläuterung für den Empfänger ein, und klicken Sie auf **Senden**.

4. Der Empfänger erhält eine E-Mail mit der Aufgabe. Er kann nun über entsprechende Schaltflächen die Übernahme der Aufgaben **Zusagen** oder **Ablehnen**. Im zweiten Fall wird die E-Mail gelöscht. Bei Annahme wird der Empfänger zum „Besitzer" der Aufgabe und diese in seine Aufgabenliste eingetragen. In beiden Fällen wird eine Antwort-E-Mail erstellt, die nur noch gesendet werden muss.
5. Während der Bearbeitung der Aufgabe kann der Besitzer über die gleichnamige Schaltfläche jederzeit einen **Statusbericht senden**, der ebenfalls per Mail an den Aufgaben-Ersteller übermittelt wird. In dessen Aufgabenliste wird der aktuelle Status daraufhin aktualisiert, sofern die in Schritt 3. genannten Optionen aktiviert wurden.

Öffentliche Aufgabenordner mit dem Exchange Server

Echtes Teamwork an gemeinsamen Aufgaben lässt sich am besten realisieren, wenn diese in öffentlichen Ordnern gespeichert werden. Wenn Sie in Ihrem Unternehmen den Exchange Server einsetzen, bitten Sie Ihren Administrator, die Berechtigungen für die entsprechenden Aufgaben-Ordner zentral für alle Team-Mitglieder einzurichten. Wenn Sie Outlook mit einem Exchange-Konto nutzen, ist für den aktuellen Outlook-Aufgabenordner auf der Registerkarte **Ordner** die Schaltfläche **Aufgaben freigeben** aktiviert.

Aufgabenverwaltung de luxe mit OneNote

Für professionelles Zeit- und Aufgabenmanagement sind Sie mit Outlook bestens gewappnet. Wenn Sie eine aktuelle Office-Version haben, verfügen Sie mit dem „Notizprogramm" OneNote über die ideale Ergänzung zu Outlook. Dazu mehr im nächsten Kapitel.

WEB TAGS

Prioritäten
Kategorien
ABC-Analyse
Eisenhower-Methode
GTD mit Outlook
Exchange Server
Zeitmanagement mit Outlook

9 NOTIZEN UND IDEEN: OUTLOOK UND ONENOTE ALS TEAM

In Anbetracht der in den vorhergehenden Kapiteln vorgestellten Funktionsbereiche von Outlook bleiben für den Bereich **Notizen** eigentlich kaum noch Anwendungen übrig: Alle personenbezogenen Informationen sind bei den Kontakten besser aufgehoben, alles, was im weitesten Sinne mit einer Aufgabe oder einem Termin verbunden ist, sollte konsequenterweise als solche erfasst werden.

So sind die Notizfunktionen auch vergleichsweise bescheiden ausgefallen - dabei zeigt Microsoft mit dem Office-eigenen Werkzeug **OneNote**, welches große Potenzial in vermeintlich nebensächlichen „Notizen" steckt. Dieses Kapitel stellt deshalb die Outlook-Notizen nur kurz vor, bevor es sich den ungleich mächtigeren Funktionen des „Notizen-Spezialisten" OneNote zuwendet.

Notizen in Outlook

Der größte Vorteil der Outlook-Notizen liegt darin, dass sie in der gewohnten Programmumgebung verwaltet werden können. Dazu stehen die wichtigsten Ordnungsfunktionen von Outlook zur Verfügung: Kategorien, Ordner und Ansichten. Außerdem können sie sehr einfach mit Kontakten, Terminen oder Aufgaben verknüpft oder per E-Mail versendet werden.

Der größte Nachteil der Outlook-Notizen ist die geringe Flexibilität: Sie sind auf reine Textinhalte beschränkt, der Gestaltungsspielraum ist begrenzt.

Probieren Sie es einfach einmal aus:

Die Outlook-Notizen öffnen Sie über eine Tastenkombination (**Strg + 5**) oder über die Schaltfläche **Notizen** in der Navigationsleiste. Falls diese Schaltfläche dort nicht sichtbar ist, ziehen Sie die Trennlinie zwischen dem Schaltflächenbereich und der darüber liegenden Ordnerliste mit gedrückter Maustaste nach oben.

Notizen anlegen und verwalten

Wenn Sie Kategorien zuordnen, erhalten die Notizzettel und -symbole die Farben der Kategorie und sind so leicht zuzuordnen. Sie können zusätzlich oder anstelle von Kategorien Ihre Notizen auch in Ordnern und Ordnergruppen organisieren. Innerhalb der Ordner behalten Sie mit verschiedenen Ansichten den Überblick. Wie

Sie Kategorien, Ordner und Ansichten anlegen, lesen Sie im Kapitel 5. Und so erfassen Sie Notizen und färben sie mit Hilfe der Kategorien ein:

1. Öffnen Sie den Ordner **Notizen**, und drücken Sie die Tastenkombination **Strg + N**, oder klicken Sie auf **Start > Neue Notiz**.
2. Eine leere Notiz wird standardmäßig als kleiner, gelber „Zettel" angezeigt. Sie können sofort mit der Texteingabe beginnen. Mit der **Eingabetaste** erstellen Sie einen neuen Absatz. Der erste Absatz wird später in den Symbol-Ansichten als Notizbeschriftung angezeigt und sollte deshalb kurz und aussagekräftig formuliert werden.
3. Der Notiz-Anfasser in der rechten, unteren Ecke kann mit gedrückter Maustaste in alle Richtungen gezogen werden, um die Form und Größe des Notizzettels zu ändern.
4. Eine Kategorie und gleichzeitig eine Farbe ordnen Sie der Notiz zu, indem Sie auf das Symbol in der linken, oberen Ecke klicken und **Kategorisieren** wählen.
5. Eine Notiz muss nicht extra gespeichert werden, da der eingegebene Text bleibt erhalten, wenn Sie sie einfach mit einem Klick auf das Symbol in der rechten, oberen Ecke schließen.

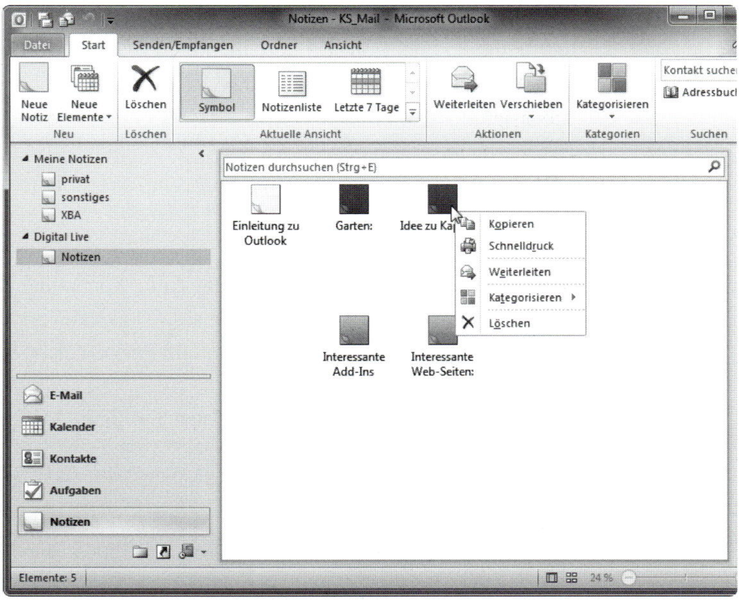

Bild 9.1 Symbol-Ansicht der Notizen mit Kontextmenü

Wenn Sie für einen Notizen-Ordner die Ansicht **Symbol** einstellen, können Sie die Notizsymbole übrigens mit der Maus frei auf der Ansichtsfläche positionieren (Bild 9.1). Über die Registerkarte **Ansicht** stellen Sie die gewünschte **Symbolgröße** ein. Über die Schaltfläche **Ansicht >**

Symbole ausrichten werden die frei positionierten Notizen in einem Raster gleichmäßig angeordnet.
Abgesehen von den Kategorien sind die Gestaltungsmöglichkeiten gering. Die Grundeinstellungen zur **Standardfarbe**, **Symbolgröße**, **Schriftart** und **-größe** sowie **Datum und Uhrzeit** legen Sie in den Outlook-Optionen fest: **Datei > Optionen > Notizen und Journal**.

APROPOS

Eine einfache Variante der klassischen „Klebezettel-Notizen" gehört zu **Windows 7**. Zum Starten wählen Sie im Windows-Start-Menü **Alle Programme > Zubehör > Kurznotizen**. Diese Notizzettel bleiben wie echte „Post-Its" immer sichtbar vor der aktiven Anwendung. Mit gedrückter Maustaste auf der Kopfzeile lassen sich die Notizen verschieben, über das **+**-Symbol neue hinzufügen.

Notizen und andere Elemente

Aus einer auf die Schnelle erfassten Notiz soll später oft noch eine E-Mail, eine Aufgabe, ein Termin oder ein Kontakt werden. In solchen Fällen klicken Sie einfach auf das Notiz-Symbol und ziehen es mit gedrückter Maustaste über die entsprechende Schaltfläche in der Navigationsleiste. Es wird dann ein neues Element des entsprechenden Typs angelegt und geöffnet. Der erste Absatz aus der Notiz wird dabei als **Betreff** eingetragen, Sie müssen nur noch die weiteren Daten ergänzen und speichern bzw. senden.

Wenn die ursprüngliche Notiz bei der „Umwandlung" in einen anderen Elementtyp nicht erhalten bleiben soll, ist der Weg noch einfacher: Sie markieren die Notiz, wählen **Start > Verschieben** und dann den gewünschten Elementtyp bzw. Ordner.
Um eine Notiz als Mail zu versenden, können Sie auch anders vorgehen: Rechter Mausklick auf die Notiz und den Befehl **Weiterleiten** im Kontextmenü wählen. Zu guter Letzt lassen sich vorhandene Notizen auch in anderen Outlook-Elementen wie Terminen oder Kontakten in das jeweilige Notizfeld einfügen. Am Beispiel eines Kontakts sieht das so aus:

1. Sie öffnen den Kontakt und wählen **Einfügen > Outlook Element**. Das Dialogfeld **Element einfügen** wird angezeigt.
2. Öffnen Sie in der Liste **Suchen in** den gewünschten Notiz-Ordner, und markieren Sie das Notiz-Element. Im Abschnitt **Einfügen als** haben Sie drei Optionen: Sie fügen den Notiztext direkt ein (**Nur Text**), Sie fügen eine Kopie der Notiz als Anlage ein (**Anlage**), oder Sie fügen eine Verknüpfung auf die Original-Notiz ein (**Verknüpfung**).
3. Bestätigen Sie mit **OK**.

OneNote

OneNote gehört zu allen Office-2010-Varianten und einigen Office-2007-Varianten. Es ist eine Art „Schweizer Taschenmesser" in Programmform. Es kann als Sammelstelle für fast jede Art von digitaler Information dienen und ist darüber hinaus eine flexible Ordnungshilfe, kurz: eine Art „externes Gedächtnis".

Hier einige praktische Anwendungsbeispiele, zunächst aus dem privaten Bereich:

- Ideen schnell notieren und später wiederfinden, ordnen, ergänzen
- Interessante Web-Schnipsel sammeln – Texte, Bilder oder ganze Seiten
- Aufgaben verwalten in Form von To-do-Listen mit Check-Boxen oder Seiten mit Zusatzinformationen
- Recherche für Schule und Hobby
- Literatur-, Musik-, Filmtipps sammeln
- Tagebücher, „Lese-Tagebücher" oder ähnliches führen
- Garten oder Wohnung planen, Reisen vorbereiten, Feste planen
- Finanzen, Steuer- und Versicherungsangelegenheiten verwalten
- Gesprächsnotizen und Telefonnotizen
- Geschenkideen sammeln

Auch im beruflichen Umfeld lassen sich viele Anwendungsbereiche finden:

- Projekte organisieren
- Recherche zu Einkäufen, Produkten oder zum Wettbewerb
- Diktafon: Briefe oder Textentwürfe per Sprach- oder Videoaufzeichnung
- Kundenkontakte (Gespräche, Korrespondenz, Vorgänge) erfassen
- Konzepte entwickeln, Besprechungen vorbereiten
- Im Team an freigegebenen Notizbüchern arbeiten

OneNote kennenlernen

Eine detaillierte Schritt-für-Schritt-Einführung in OneNote würde diesen Rahmen sprengen und wird dem Konzept der Software auch nicht gerecht. OneNote lässt sich am besten „intuitiv" und spielerisch entdecken, deshalb an dieser Stelle nur ein kurzer Überblick zur Arbeitsweise von und mit OneNote.

Aufbau

Das wesentliche Merkmal der OneNote-Notizbücher ist ihre hierarchische, aber flexible Struktur. Auf mehreren Ebenen können Sie Ihre Informationen, Notizen und Daten organisieren (Bild 9.2):

- **Notizbücher**: Sie können mehrere Notizbücher gleichzeitig verwalten und bearbeiten. Die geöffneten Notizbücher sehen Sie in der Navigationsleiste am linken Rand.
- **Abschnitte**: In jedem Notizbuch lassen sich beliebig viele Abschnitte anlegen.

Diese entsprechen den Registerkarten bzw. Reitern oben, direkt unter dem Menüband. Abschnitte lassen sich zu Abschnittgruppen zusammenfassen.

- **Seiten**: In jedem Abschnitt können Sie beliebig viele Seiten anlegen. Die Seitentitel sehen Sie im Seitenregister wahlweise links oder rechts der Seiten.
- **Unterseiten**: Seiten können als Unterseiten einer anderen Seite festgelegt werden, erkennbar an einer Einrückung. Eine Unterseite kann selbst wieder Unterseiten haben.
- **Elemente**: Jede Seite kann einen oder viele Rahmen oder „Blöcke" mit unterschiedlichen Inhalten enthalten: Text, Bilder und grafische Elemente, Links, Audio- oder Videodateien. Anders als Sie es beispielsweise von Ihrer Textverarbeitung kennen, lassen sich hier alle Elemente völlig frei auf der Seite positionieren.

Diese Aufzählung erscheint zunächst kompliziert, doch lassen Sie sich nicht abschrecken – Sie können die genannten Strukturierungsmittel ausschöpfen, müssen es aber nicht! Im einfachsten Fall haben Sie nur ein Notizbuch mit einem Abschnitt und einer einzigen Seite – selbst das kann eventuell sinnvoll sein. In je-

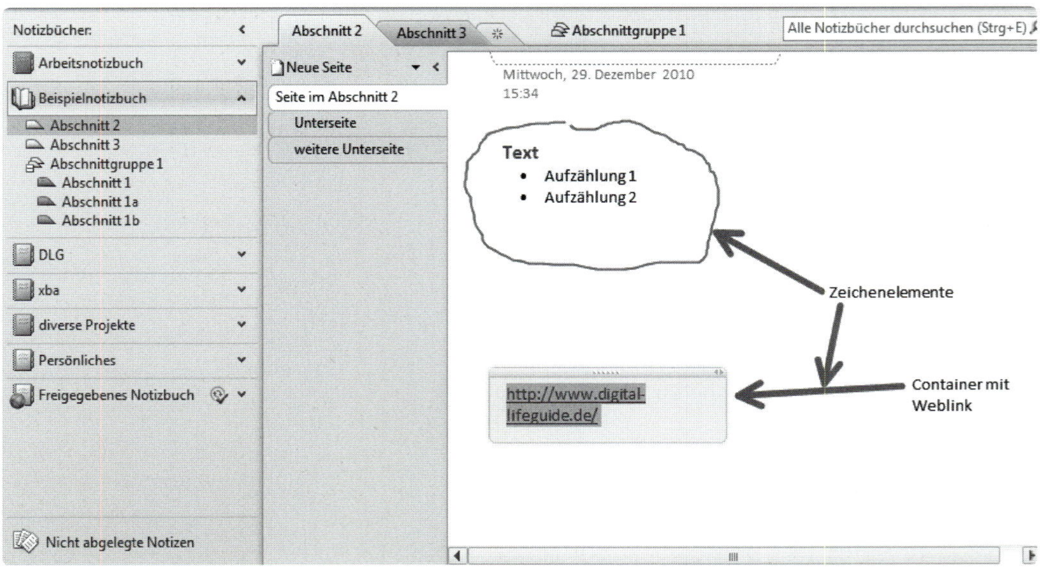

Bild 9.2 Die Struktur- und Inhaltselemente an einem Beispiel

dem Fall können Sie zu jedem Zeitpunkt Ihre vorhandenen Abschnitte, Seiten und Elemente verschieben, kopieren, umstrukturieren. Fangen Sie einfach an, mit der Zeit und wachsendem Umfang Ihres Notizbuchs werden Sie die vorhandenen Möglichkeiten ganz selbstverständlich nutzen. Falls Sie allerdings ein Notizbuch von Anfang an für ein ganz bestimmtes Projekt anlegen, dessen Struktur feststeht, können Sie diese natürlich auch gleich in OneNote abbilden.

Noch etwas ist bei OneNote anders, als Sie es gewohnt sind: Sie müssen nicht manuell speichern. Nachdem Sie ein Notizbuch einmal angelegt, das heißt, mit einem Namen gespeichert haben, werden künftig alle Änderungen in Ihren Notizbüchern automatisch gespeichert. Alle Notizbücher, die Sie nicht ausdrücklich schließen, werden beim nächsten Programmstart geöffnet und stehen über die Navigation sofort bereit.

Inhalte

Die Notizseiten füllen Sie mit unterschiedlichsten Inhalten. Alle Elemente können in Größe und Position frei angeordnet werden:

- **Text** können Sie eintippen, aus der Zwischenablage einfügen, handschriftlich eingeben (mit einem Tablet-PC) oder aus einem anderen Programm wie Ihrem Browser oder der Textverarbeitung übernehmen. Text in Bildern kann OneNote erkennen und in durchsuchbaren Text umwandeln. Für die Gestaltung stehen alle wichtigen Formatierungsfunktionen sowie Formatvorlagen zur Verfügung. Auch Tabellen und Formeln werden unterstützt.
- **Bilder** können Sie aus der Zwischenablage, aus einer Grafikdatei oder vom Scanner einfügen.
- **Bildschirmausschnitte** lassen sich mithilfe der Tastenkombination **Win + S** „fotografieren" und in eine OneNote-Seite einfügen.
- **Webseiten und Web-Inhalte** lassen sich über die Zwischenablage oder einen entsprechenden Browser-Zusatz direkt nach OneNote übertragen. Die Web-Adresse der Quelle wird automatisch auf der Notizseite hinzugefügt.
- **E-Mails, Kalendereinträge, Kontakte** und **Aufgaben** aus Outlook können Sie an OneNote übergeben bzw. verknüpfen. In Outlook ist dafür eine entsprechende Schaltfläche vorgesehen (mehr dazu am Ende dieses Kapitels).

TIPP

Bei der Internet-Recherche hilft eine Send-to-OneNote-Funktion in Ihrem Browser: Inhalt und Link zur Fundstelle werden übermittelt. Im Internet Explorer ist sie integriert, für Firefox und andere als Add-On nachrüstbar.

- **Dateien** aller Art, die auf Ihrer Festplatte oder im Netzwerk gespeichert sind, können Sie mit Notizen verknüpfen. Die Verknüpfung wird als Symbol dargestellt, ein Doppelklick darauf öffnet die Datei in dem entsprechenden Programm.
- **Audio- und Video-Aufnahmen** können Sie direkt aus OneNote starten. Die Verknüpfungen zu den Dateien werden als Symbol auf der Notizseite dargestellt. Mit einem Doppelklick darauf wird die Aufnahme abgespielt.
- **Verknüpfungen** (Links) zu anderen Notizbuchseiten können in der Art eines Wikis eingefügt werden: Dazu geben Sie einfach den Titel der Zielseite in doppelten eckigen Klammern ein, zum Beispiel [[Packliste]].

Weitere Funktionen

Bevor es um OneNote als Organisationshilfe geht, zunächst noch einige Hinweise auf weitere interessante Funktionen.

Individuelle Einstellungen: Sobald Sie sich mit OneNote angefreundet haben, sollten Sie einen Blick in die Optionen werfen: **Datei > Optionen** und hier insbesondere die Bereiche **Anzeige** und **Erweitert**.

Fenster andocken: Oft ist es praktisch, wenn das Notizenfenster immer sichtbar bleibt, während Sie zum Beispiel im Internet recherchieren oder in Word einen Text bearbeiten. Für diesen Zweck bietet OneNote im Menü **Ansicht** die Funktion **Neues angedocktes Fenster**. So öffnen Sie am rechten Bildrand ein schmales OneNote-Fenster, das Fenster der Hauptanwendung wird automatisch entsprechend verkleinert. Wenn Sie nun neue Notizen einfügen, werden diese automatisch mit der aktuellen Position im Word-Dokument, auf der Webseite etc. verknüpft. Sie können später direkt aus der Notiz das verknüpfte Dokument öffnen. Dies funktioniert mit Word, PowerPoint oder dem Internet Explorer, jedoch leider nicht mit Programmen, die nicht von Microsoft stammen.

TIPP

Mathematische Ausdrücke, die Sie mit einem „=“ abschließen, werden berechnet. Beispiele: „234+456+789=“, „6200/3=“, „3*3=“, „wurzel(9)=“, „2^2=“ oder „(13*4%)*2-4=“.

Farben für Bücher und Abschnitte: Notizbüchern und Abschnitten können Sie selbst Farben zuordnen. Das ist oft hilfreich für eine schnellere Orientierung. Für Notizbücher wählen Sie **Datei**, dann die Einstellungen des Notizbuchs und dort die

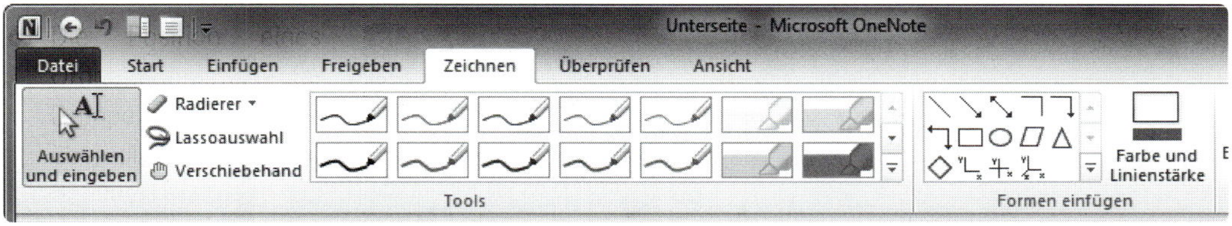

Bild 9.3 Auf den Notizseiten können Sie auch zeichnen und Formen einfügen

Farbe aus dem Farbwahlfeld. Für Abschnitte wählen Sie im Kontextmenü (rechter Mausklick) **Abschnittsfarbe**. Allerdings stehen jeweils nur wenige, eher blasse Farbtöne zur Wahl. Für die Seiten lässt sich die Hintergrundfarbe ändern (Menü **Ansicht > Seitenfarbe**).

Zeichnen: Das Menüband **Zeichnen** stellt einige grafische Funktionen bereit (Bild 9.3), darunter einen Freihand-Zeichenstift, einen Textmarker (der Text bleibt lesbar), ein Radiergummi und eine Vielzahl geometrischer Formen, Pfeile etc. Diese Elemente können frei auf der Seite positioniert werden – wie in einem einfachen Grafikprogramm.

Datum- und Zeitstempel einfügen: Das aktuelle Datum und/oder die Uhrzeit fügen Sie über das Menü **Einfügen** ein. Über die Schaltfläche **Symbol** finden Sie dort auch eine Reihe von **Sonderzeichen**.

Seiten per E-Mail senden/empfangen: Einzelne Seiten können Sie schnell und einfach per E-Mail aus OneNote versenden – auch wenn der Empfänger OneNote nicht besitzt: Menü **Freigeben > Seite per E-Mail senden**. Die Seitenelemente werden sowohl im Nachrichtentext als auch im Anhang der Mail als grafische Elemente eingefügt. Auch eventuell vorhandene Audio- und Videoaufnahmen werden als Anlage mitgesendet.

Kennwortschutz für Seiten: Abschnitte innerhalb eines Notizbuchs lassen sich mit einem Kennwortschutz versehen. Beim Öffnen des Abschnitts muss das Kennwort eingegeben werden. Nach zehn Minuten wird der Abschnitt wieder geschlossen, dieses Zeitintervall können Sie in den erweiterten Optionen ändern. Damit eignet sich OneNote also auch für vertrauliche Daten, Passwörter, Lizenzschlüssel oder ähnliches. Kennwortgeschützte Inhalte werden von der Suchfunktion nicht berücksichtigt, es sei denn, der entsprechende Abschnitt ist gerade geöffnet.

Drucken: Die Druckfunktionen von OneNote sind bescheiden, doch es gibt sie: Sie können das Seitenformat wählen, wobei Texte automatisch neu umgebrochen werden. Eine Fußzeile mit Seitennumerierung wird auf Wunsch mitgedruckt.

Papierkorb/Sicherungskopien: Jedes Notizbuch hat einen eigenen Papierkorb, aus dem Sie gelöschte Seiten oder Abschnitte wiederherstellen können. Dies gilt bis zu 60 Tage nach dem Löschdatum und sofern Sie die Seiten nicht zuvor endgültig aus dem Papierkorb gelöscht haben. In den **Optionen** lassen sich die Anzahl der Sicherungskopien sowie das Zeitintervall für die automatische Sicherung einstellen. Über **Seitenversion anzeigen** im Menü **Freigeben** greifen Sie auf ältere Seitenversionen und den Papierkorb zu.

Mit OneNote organisieren

Nachdem Sie OneNote vielleicht spielerisch kennengelernt haben, werden Sie es für Ihr Zeit-, Aufgaben- und Ideenmanagement ernsthaft nutzen wollen. Der Nutzeffekt wird umso größer sein, je konsequenter Sie mit dem Programm arbeiten: Wenn Sie sich irgendwann darauf verlassen können, dass alle wichtigen Daten hier gesammelt sind, werden Sie diese bei Bedarf sofort zur Hand haben.

Das Gerüst vorbereiten

Es gibt keinen Grund, sich beim Einsatz von OneNote auf ein Notizbuch zu beschränken, denn dies ist bereits die oberste Strukturierungsebene. Eine Faustregel könnte lauten: Zwei Sachgebiete, die sich in keinem wesentlichen Punkt überschneiden, werden in separaten Notizbüchern „verwaltet“. Eine spätere Umstrukturierung stellt aber auch kein Problem dar: Durch einfaches Ziehen und Ablegen mit der Maus können Sie jederzeit ganze Abschnitte in ein anderes Notizbuch oder Seiten in einen anderen Abschnitt verschieben.

Innerhalb des Notizbuchs ergibt sich die weitere Aufteilung nach Abschnitten und Seiten meist von selbst. Für wiederkehrende Ereignisse, zum Beispiel die Organisation eines Nachbarschaftsfestes, könnten Sie pro Jahr einen Abschnitt anlegen. Für das erste Jahr erstellen Sie darin alle wichtigen Seiten an, etwa „Termine“, „Essen & Trinken“, „Spiele“ etc. Für die Folgejahre kopieren Sie einfach den vorhandenen Abschnitt. So sparen Sie sich Erfassungsaufwand.

Nun haben Sie Notizbücher, Abschnitte und Seiten angelegt (Bild 9.2). Unterseiten sind immer dann sinnvoll, wenn einzelne Seiten zu umfangreich und damit nicht mehr überschaubar werden.

Das Sortieren von Seiten im Seitenregister geht ebenfalls am besten mit der Maus:

Klicken Sie auf den Seitenreiter, halten Sie die Maustaste gedrückt, und ziehen Sie die Seite nach oben oder unten. Sie können mehrere Seiten gleichzeitig auf diese Weise bearbeiten, wenn Sie beim Markieren die Umschalt- oder Strg-Taste gedrückt halten. Für personenbezogene Daten oder Referenz-Notizbücher ist oft eine alphabetische Sortierung der Seiten sinnvoll. Leider bietet OneNote noch keine entsprechende Sortierfunktion, doch das **SortPages Powertoy** (siehe URL-Box) springt dafür in die Bresche.

Fokus: Zeitmanagement

Wenn Sie eine der beliebten Methoden für das Zeitmanagement wie GTD, Coveys „7 Wege" oder ähnliche mit OneNote umsetzen möchten, finden Sie dazu im Internet einige umfangreiche Lösungen, die Sie nutzen, oder an denen Sie sich orientieren können. Ein Beispiel ist **OneNote Time Planner**, ein vollständiges, umfangreiches Notizbuch (Bild 9.4), dessen Struktur sich eng an das System von Stephen R. Covey anlehnt – allerdings in englischer Sprache. Diese Vorlage ist für den privaten Gebrauch kostenlos nutzbar. Laden Sie die ZIP-Datei unter **http://onenotetimeplanner.blogspot.com/** herunter, entpacken Sie diese, und öffnen Sie die darin enthaltene Notizbuchvorlage.

Einen Weg zur Umsetzung von David Allens **GTD** beschreibt unter anderem Michael Wheatfill in seinem ebenfalls englischsprachigen Blog (siehe URL-Box).

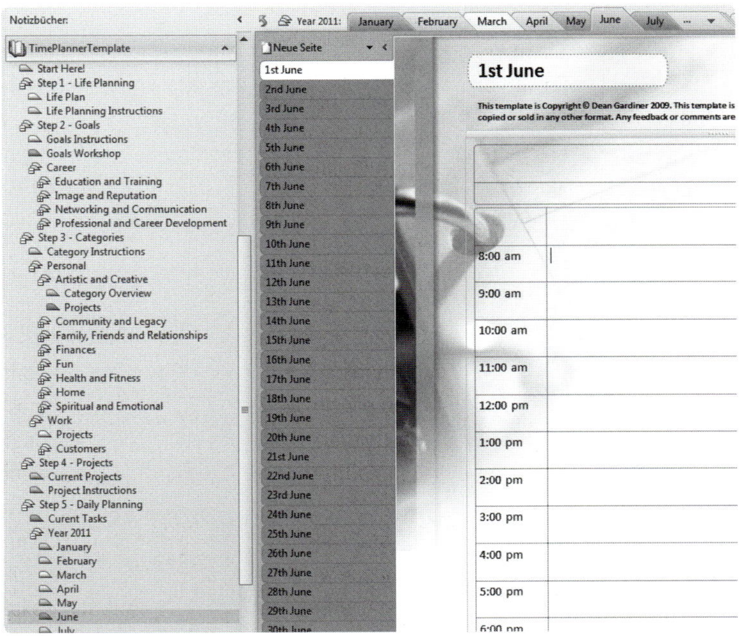

Bild 9.4 OneNote Time Planner: umfangreiche Vorlage

Inhalte einfügen

Das Einfügen von Elementen in eine Seite ist denkbar einfach: Klicken Sie irgendwo auf die Seite, und beginnen Sie Text einzugeben, Bilder einzufügen, Inhalte aus der Zwischenablage mit **Strg + V** zu übernehmen, zu zeichnen etc. Jedes Element befindet sich in einem Container, einem Rahmen, den Sie mit der Maus verschieben, markieren, löschen, kopieren oder in der Größe ändern können etc.

Suchfunktion

Ihre Notizbücher werden sich ziemlich schnell füllen. Das ist aber bei den heutigen Festplattenkapazitäten in der Regel kein Problem. Mithilfe der Suchfunktion von OneNote finden Sie Notizbuch-übergreifend schnell und zuverlässig alle relevanten Seiten zu einem Thema. Das Suchfeld sehen Sie rechts oben neben dem Abschnitt-Register. Über einen Klick auf den kleinen Pfeil legen Sie fest, welche Bereiche durchsucht werden sollen, voreingestellt ist „Alle Notizbücher". Die Suche wird schon während der Eingabe des Suchbegriffs ausgeführt und die Fundstellenliste laufend aktualisiert. Drücken Sie die Tastenkombination **Alt + O**, um den detaillierten Suchergebnisbereich dauerhaft anzuzeigen.

Listen

Für organisatorische Aufgaben aller Art sind Listen wahrscheinlich das wichtigste Element. Um eine einfache Aufzählung zu erstellen, beginnen Sie einfach jeden Absatz mit einem Bindestrich. OneNote macht daraus automatisch eine Aufzählung. Das Aufzählungszeichen wählen Sie aus dem Listenfeld im Menü **Start**, rechts neben der Angabe zur Schriftgröße. Um innerhalb einer Liste eine weitere Ebene einzufügen, drücken Sie die **Tab**-Taste. Mit **Umschalt + Tab** gelangen Sie wieder in die nächsthöhere Ebene.
Das Sortieren einer Liste ist sehr komfortabel mit der Maus möglich: Links neben dem aktuell gewählten Absatz oder der Auswahl mehrerer Absätze sehen Sie ein kleines Symbol mit einem Pfeilkreuz. Klicken Sie auf dieses Symbol, und ziehen Sie mit gedrückter Maustaste die gesamte Markierung an die gewünschte Position. Das funktioniert vertikal (Reihenfolge der Absätze) ebenso wie horizontal (Einrückung).

Kategorien

OneNote bietet standardmäßig eine Reihe von Kategorien, auch als **„Tags"** bezeichnet. Klicken Sie im Menü **Start**, Bereich **Kategorien**, auf den unteren Pfeil **Weitere**, um alle Kategorien zu sehen. Die wichtigsten Kategorien können über die in Klammern angegebenen Tastenkombinationen angewendet werden. Ansonsten erfolgt die Zuweisung am schnellsten über das Kontextmenü (rechter Mausklick auf das Element **Kategorie**).

Übrigens können Sie einem Element, zum Beispiel einer Aufgabe in einer To-do-Liste, gleichzeitig mehrere Kategorien zuweisen, etwa „Aufgabe“, „Frage“ und „Kritisch“.

Falls die vorgegebenen Kategorien nicht genügen, können Sie über den Listeneintrag **Kategorien anpassen** vorhandene Kategorien bearbeiten oder eigene hinzufügen. Jede Kategorie kann mit Symbol, Schriftfarbe und Markierungsfarbe gestaltet werden. Die Möglichkeit, einzelne Elemente und Textabsätze mit Kategorien zu kennzeichnen, ist in OneNote besonders nützlich, weil Sie durch die Farben und Minisymbole auch auf überfüllten Seiten eine schnelle visuelle Orientierung erhalten.

Interessant ist die Kategorie **Aufgaben (Strg + 2)**. Das dazugehörige Symbol, die Check-Box, kennt zwei Zustände, die auf Mausklick wechseln: mit und ohne Häkchen. To-do-Listen, die Sie mit dieser Kategorie kennzeichnen, können Sie also tatsächlich Schritt für Schritt abhaken.

Wenn Sie Kategorien konsequent und durchgängig anwenden, können Sie von der Funktion **Kategorien suchen** profitieren. Ein Klick auf diese Schaltfläche im Menü **Start** blendet den Bereich **Kategorienzusammenfassung** ein. Hier sehen Sie eine Liste aller Elemente (standardmäßig aus allen Notizbüchern), die einer Kategorie zugeordnet sind. Die Elemente werden in Gruppen zusammengefasst, die sich über das kleine Dreiecksymbol öffnen oder schließen lassen. Das Kriterium für die Gruppierung wählen Sie im Feld **Kategorien gruppieren nach** selbst aus. So sehen Sie beispielsweise sofort alle unerledigten Aufgaben aus allen Notizbüchern auf einen Blick. Über die Schaltfläche ganz unten lässt sich mit einem Mausklick eine Zusammenfassungsseite erstellen.

Seitenvorlagen

Die eigentliche Arbeit in Ihrem digitalen Notizbuch findet auf den Seiten statt. Eine oft vernachlässigte, aber höchst effiziente Methode, verschiedenartige Daten in One-Note zu erfassen, besteht darin, mit Seitenvorlagen zu arbeiten.

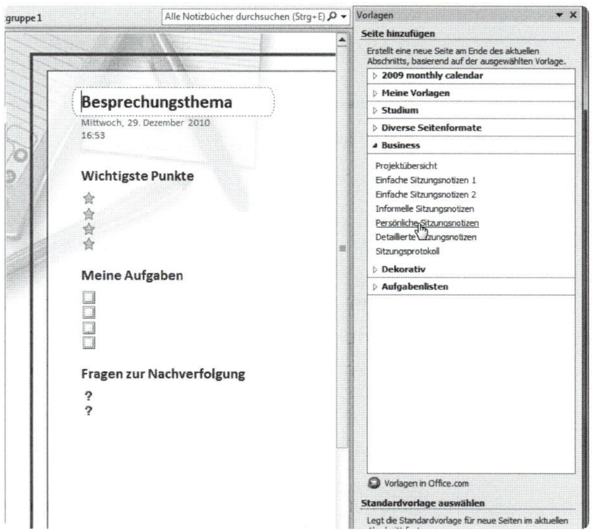

Bild 9.5 Viele fertige Seitenvorlagen stehen zur Auswahl

Seitenvorlagen wählen Sie beim Anlegen einer neuen Notizseite aus. Eine Vorlage bestimmt Größe, Ausrichtung, Farbe und Lineatur der Seite. Außerdem können Inhalte wie Texte, Listen, Zeichnungselemente, Kategorien, Bilder und Hintergrundbilder in der Vorlage gespeichert sein. Die Bandbreite reicht von kleinen Seiten im Karteikärtchen-Look bis hin zu umfangreichen, vorstrukturierten Formularseiten.

Eine Vielzahl von Seitenvorlagen werden mitgeliefert (Bild 9.5). Öffnen Sie die Ansicht der Seitenvorlagen, indem Sie im Seitenregister auf den Pfeil neben der Schaltfläche **Neue Seite** klicken und den untersten Befehl **Seitenvorlagen** wählen.

Der **Vorlagenbereich** zeigt alle vorhandenen Vorlagen, thematisch gruppiert. Klicken Sie sich einmal durch die Liste, so erhalten Sie den besten Eindruck davon, was mit Seitenvorlagen möglich ist.

Unten im Vorlagenbereich legen Sie fest, welche Vorlage standardmäßig für neue Seiten im aktuellen Notizbuch-Abschnitt verwendet wird. Über den Pfeil neben der Schaltfläche **Neue Seite** im Seitenregister können Sie das gewünschte Design auch jeweils aus der Liste der zuletzt verwendeten Vorlagen auswählen.

Besonders effizient sind Seitenvorlagen, die Sie passend für Ihre Zwecke selbst erstellt haben. Hier die Vorgehensweise im Überblick:

1. Öffnen Sie eine neue, leere Seite.
2. Im Menü **Ansicht**, Abschnitt **Seite einrichten**, legen Sie Seitengröße, -farbe und Hilfslinien fest.
3. Gestalten Sie die Seite mit Textelementen, Listen, Tabellen, Zeichnungselementen oder Bildern. Um ein eingefügtes Bild als **Hintergrund** festzulegen, klicken Sie mit der rechten Maustaste darauf, und wählen Sie **Bild als Hintergrund festlegen**.
4. Um schließlich aus der fertig gestalteten Seite eine Vorlage zu machen, klicken Sie neben der Schaltfläche **Neue Seite** auf den Pfeil und wählen **Seitenvorlagen**.
5. Klicken Sie ganz unten im Vorlagenbereich auf den Link **Aktuelle Seite als Vorlage speichern**. Geben Sie anschließend einen aussagekräftigen Namen für die Vorlage ein, und legen Sie gegebenenfalls fest, dass dies die Standardvorlage sein soll.

Notizbücher im Web

Sie können OneNote-Notizbücher online für andere Personen im Team freigeben. Alle Änderungen eines Teammitglieds werden dann über den Online-Speicher mit den lokalen Notizbüchern aller Teilnehmer synchronisiert.

Als Freigabeort bietet sich der kostenlose Online-Speicher **Windows SkyDrive** an, aber auch andere Speicherorte, etwa in einem lokalen Netzwerk, sind möglich. Um SkyDrive zu nutzen, benötigen Sie und alle Teammitglieder jeweils eine **Windows Live ID**. Mit der Freigabe des Notizbuchs senden Sie eine E-Mail an die Personen, die darauf zugreifen dürfen. Diese E-Mail enhält zwei Links: Der eine Link ermöglicht dem Empfänger, der selbst OneNote besitzt, mit diesem Programm auf das freigegebene Notizbuch zuzugreifen. Der zweite Link öffnet das Notizbuch nach Anmeldung mit der **Windows Live ID** in der **OneNote Web App** – der kostenlosen Online-Variante von OneNote. Auf diesem Weg können Sie ein Notizbuch auch zwischen mehreren eigenen PCs, beispielsweise Ihrem Desktop-Rechner und Ihrem Notebook oder einem Smartphone, synchronisieren.

Über die Schaltfläche **Datei > Öffnen > Open from the Web** („Im Web öffnen") gelangen Sie sofort zur Anmeldeseite Ihres Windows-Live-SkyDrive-Kontos. Sie können so online in der **OneNote Web App** und lokal auf Ihrem PC mit demselben Notizbuch arbeiten. Die Synchronisierung erfolgt bei Änderungen automatisch.

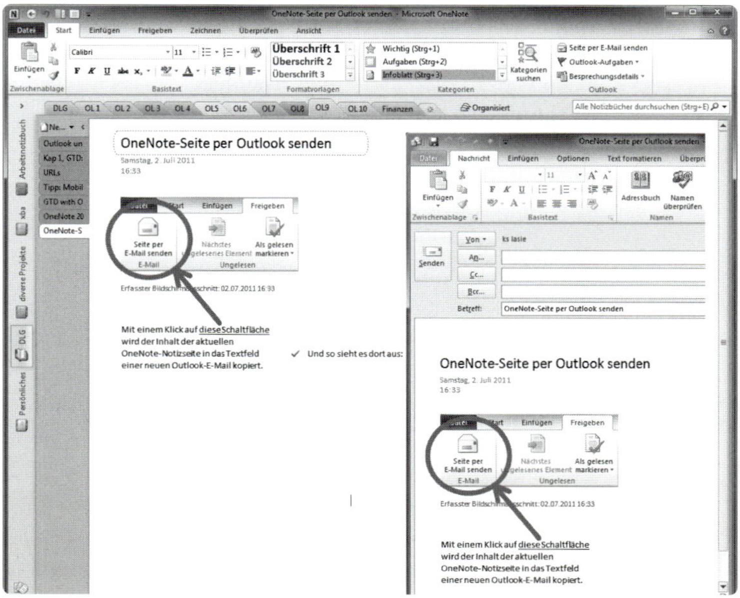

Bild 9.6 Notiz als E-Mail; E-Mail als Bild in der Notiz

Outlook und OneNote

Die beiden Programme wurden von Microsoft mit den letzten Versionen zunehmend auf gute Zusammenarbeit getrimmt. Und die funktioniert in beide Richtungen, sodass ein quasi nahtloser Übergang möglich ist. So funktioniert es von Outlook in Richtung OneNote:

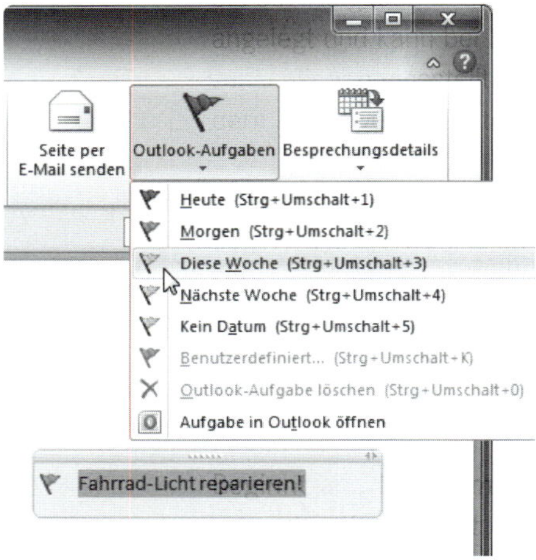

Bild 9.7 Outlook-Aufgaben in OneNote

E-Mail: Um eine Mail, die in einer Ansicht markiert oder im Mail-Fenster geöffnet ist, an OneNote zu übergeben, klicken Sie auf **Start** bzw. **Nachricht** und dort im Abschnitt **Verschieben** auf die Schaltfläche **OneNote**. Auch im Kontextmenü (rechter Mausklick) einer Mail finden Sie den Befehl **OneNote**. Anschließend geben Sie den Speicherort in OneNote an, das heißt, das gewünschte Notizbuch und den Abschnitt. Dieser Speicherort kann als Standard für zukünftige E-Mail-Notizen festgelegt werden, wenn Sie die entsprechende Option unten im Dialogfeld aktivieren. Schließlich bestätigen Sie mit **OK**. Die neue OneNote-Notiz wird automatisch geöffnet und kann sofort bearbeitet oder ergänzt werden.

Aufgaben: Eine Aufgabe übergeben Sie mit einem Klick auf **Start** bzw. **Aufgabe > OneNote** oder den entsprechenden Befehl im Kontextmenü. Auch hier geben Sie den gewünschten Speicherort an, den Sie als Standard festlegen können. Sie können hier sogar eine vorhandene Notiz angeben, in die Ihre Aufgabe eingefügt wird, erkennbar an dem kleinen Nachverfolgungs-Fähnchen, das zu einem Häkchen wird, wenn Sie darauf klicken. **Die Verknüpfung zu Outlook bleibt erhalten!** Wenn Sie die Aufgabe in OneNote als erledigt kennzeichnen, wird sofort automatisch auch der Status der Outlook-Aufgabe auf „erledigt" gesetzt – und umgekehrt.

Kontakte, Termine: Wenn Sie in einem geöffneten Kontakt in Outlook auf **Kontakt > OneNote** klicken, wird eine neue Notiz in OneNote angelegt, die Standard-Kontaktdaten werden übernommen. Über eine automatisch eingefügte Verknüpfung zum Original-Outlook-Element können Sie den Kontakt aus OneNote jederzeit öffnen. Dasselbe gilt für

URL

Das sind die Links zu OneNote:
- www.onenotepowertoys.com/
- http://onenotetimeplanner.blogspot.com
- http://dynamicit.wordpress.com/2010/05/24/gtd-with-outlook-2010-and-onenote-2010-onenote-setup

Termine aus dem Outlook-Kalender. Genauso gut können Sie beispielsweise Aufgaben oder E-Mails in OneNote anlegen und dann mit einem Klick an Outlook übergeben:

Aufgaben: Schreiben Sie einen Aufgabebetreff in eine OneNote-Notiz. Markieren Sie den Absatz, oder positionieren Sie den Mauszeiger darin. Wenn Sie mehrere Absätze markieren, werden gleichzeitig mehrere Aufgaben erstellt! Klicken Sie nun auf **Start > Outlook-Aufgaben**, und wählen Sie einen der vorgegebenen Termine oder **Benutzerdefiniert** (Bild 9.7). Die Aufgabe ist damit auch in Outlook angelegt. Über die Schaltfläche **Outlook-Aufgaben** können Sie die Aufgabe auch aus OneNote heraus in Outlook löschen oder dort öffnen. Wird sie in einem der Programme auf erledigt gesetzt, erfolgt diese Statusänderung auch in dem anderen Programm.

E-Mails: Sie können eine OneNote-Notizseite komplett in den Inhaltsbereich einer neuen HTML-Mail übertragen (siehe Kapitel 3). Klicken Sie dazu einfach auf **Start > Seite per E-Mail senden** (Bild 9.6).

Es geht noch mehr

Wir hoffen, die ersten neun Kapitel dieses Buchs haben Sie neugierig gemacht auf die elegante und effiziente Organisation mit Outlook und OneNote. Das folgende Kapitel vertieft technische Aspekte der wichtigen Themen „Sicherung und Sicherheit“, „Mobilität“ und „Outlook-Erweiterungen“.

WEB TAGS

Windows Live
Office Web Apps
SkyDrive
GTD mit OneNote
Zeitplaner
Office Service Pack 1
OneNote-Seitenvorlagen
PowerToys
Canvas for OneNote

10 NICHT NUR FÜR FORTGESCHRITTENE: SICHERHEIT, MOBILITÄT UND ERWEITERUNGEN

Mit dem Wissen aus den ersten neun Kapiteln dieses Buches können Sie Outlook im „organisatorischen Alltag“ optimal nutzen. Doch gelegentlich muss man doch etwas tiefer in die technischen Details einsteigen, etwa wenn es darum geht, Outlook-Daten zu sichern und zu schützen, zwischen verschiedenen PCs und mobilen Geräten zu synchronisieren oder Outlook mit zusätzlichen Funktionen auszustatten. Bei solchen Konfigurationsaufgaben hängt die Lösung oft von der jeweiligen, spezifischen Systemumgebung ab. Deshalb stellen wir auf den folgenden Seiten die Grundlagen dafür vor – technische Details zu der für Sie passenden Lösung finden Sie dann schnell und aktuell in vielen Web-Angeboten.

PST-Datendateien und Speicherorte

Outlook speichert Ihre E-Mails, Kontakte, Termine, Aufgaben und Notizen in einer oder mehreren Datendateien mit der Endung .pst (für den Offline-Modus von Exchange-Server-Konten auch .ost). Diese **PST-Dateien** sollten Sie also unbedingt in Ihre regelmäßigen Datensicherungen einbeziehen, um sich vor Datenverlust zu schützen. Der Ordner, in dem eine PST-Datei liegt, wird als „Speicherort“ bezeichnet. Der Standardspeicherort ist auf dem Systemlaufwerk (C:) das Verzeichnis „Benutzer / <Benutzername> / Eigene Dokumente / Outlook-Dateien“. Wenn Sie ein separates Datenlaufwerk oder Datenverzeichnis verwenden, das Sie regelmäßig sichern, ist es sinnvoll, die PST-Datei dorthin zu verschieben bzw. dort eine neue anzulegen, die dann mitgesichert wird.

Datendateien verwalten, Standard: Wählen Sie **Datei > Informationen > Kontoeinstellungen > Kontoeinstellungen**, und öffnen Sie die Registerkarte **Datendateien** (Outlook 2007: **Extras > Kontoeinstellungen > Datendateien**).
Die aktuelle Standarddatendatei ist hier mit einem Häkchen gekennzeichnet (Bild 10.1). Jede PST-Datei kann als Standard festgelegt werden.

PST-Speicherort ändern: In der Datendateiverwaltung (siehe oben) sehen Sie den aktuellen Speicherort der PST-Datei. Verschieben Sie die PST-Datei mit Hilfe des Windows Explorers in das gewünschte Verzeichnis. Wenn Sie nun in der Datendateiverwaltung die PST-Zeile markieren und auf **Einstellungen** klicken, wird zunächst eine Fehlermeldung eingeblendet. Im anschließenden Dialogfeld geben Sie die PST-Datei im neuen Speicherort an.

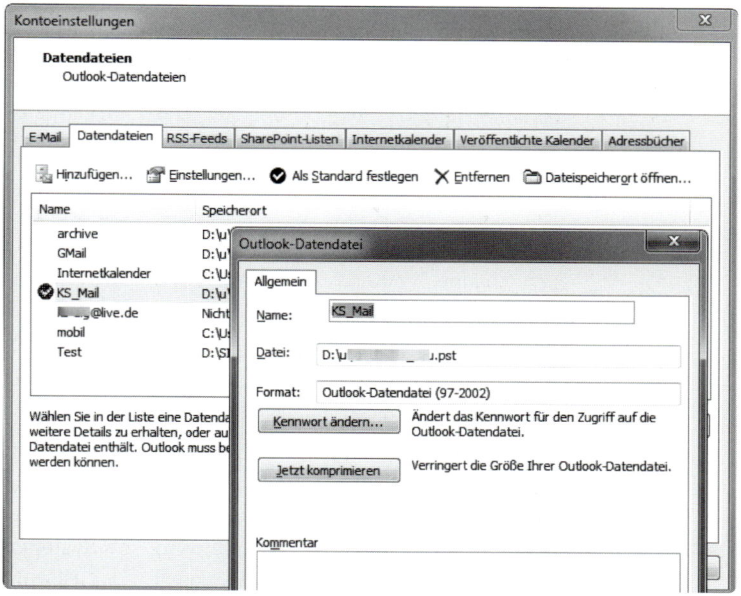

Bild 10.1 Die Datendateien (PST) verwalten Sie in den Kontoeinstellungen.

Neue PST-Datei anlegen: In der Datendateiverwaltung (siehe oben) klicken Sie auf **Hinzufügen...**. Wählen Sie das Verzeichnis aus, und geben Sie den Dateinamen für die PST-Datei ein. Sie können so beispielsweise eine separate Datendatei für „unwichtige“ Mails anlegen, die nicht gesichert oder archiviert werden soll, oder eine Datendatei mit Passwortschutz für vertrauliche Mails (siehe unten).

Ordnerlistenname ändern: Sie können in der Datendateiverwaltung einen Eintrag markieren und über **Einstellungen** den Namen ändern. Dieser Name erscheint in der Ordnerliste. Ersetzen Sie beispielsweise die Standardbezeichnung „Persönliche Ordner“ durch einen aussagekräftigen Namen ersetzen. Dies ist besonders sinnvoll, wenn Sie mit mehreren Datendateien arbeiten (beispielsweise „Firma“ und „Privat“).

Ordner zuweisen: Neue PST-Dateien werden in der der E-Mail-Ordnerliste auf der oberen Ebene angezeigt. Darunter sind zunächst nur die Standardordner „Gelöschte Elemente“ und „Suchordner“ aufgeführt. Wenn Sie, wie in Kapitel 5 beschrieben, eigene E-Mail-Ordner angelegt haben, können Sie diese einfach mit gedrückter

Maustaste in der Ordnerliste auf die gewünschte Datendatei ziehen. E-Mails, die manuell oder automatisch über eine Regel (siehe Kapitel 5) in diesen Ordner verschoben werden, speichert Outlook dann in der entsprechenden PST-Datei.

Passwort/Kennwort einrichten: Wenn auch andere Personen Zugriff auf Ihren PC bzw. Ihr Windows-Benutzerkonto haben könnten, möchten Sie eventuell eine PST-Datei mit einem Kennwort schützen. Dazu markieren Sie in der Datendateiverwaltung die gewünschte PST-Datei und klicken auf **Einstellungen > Kennwort ändern...**. Wenn bisher kein Kennwortschutz vorhanden war, lassen Sie das erste Feld leer, und geben Sie das Kennwort einmal im Feld **Neues Kennwort** und einmal im Feld **Kennwort bestätigen** ein. Bestätigen Sie mit **OK**. Vor dem Öffnen eines Ordners dieser PST-Datei wird zukünftig das Kennwort abgefragt. Das Kennwort sollten Sie nicht vergessen, weil sonst ein Zugriff auf die Daten kaum möglich ist. Für die Passwort-Wiederherstellung können Sie das Add-In **Outlook Password** verwenden (siehe unten in diesem Kapitel).

Fokus: Outlook-Profile für mehrere Benutzer

Wenn mehrere Benutzer mit demselben Windows-Konto auf einem PC mit Outlook arbeiten, ist es sinnvoll, dafür jeweils ein Outlook-Profil anzulegen. Ein Outlook-Profil kann auch als „Sicherungsprofil" dienen, falls das Hauptprofil fehlerhaft sein sollte. Je Outlook-Profil können aber andere Konten und PST-Dateien verwendet werden. Auch alle anderen Outlook-Einstellungen sind profilabhängig. Outlook kann immer nur mit einem Profil zur Zeit geöffnet werden, muss also vor dem Profilwechsel beendet werden. Obwohl dieselbe Outlook-Installation verwendet wird, kann so jeder Benutzer sein individuelles Outlook einrichten.

Outlook-Profile verwalten Sie nicht mit Outlook selbst, sondern über die Windows-Systemsteuerung: Wählen Sie **Start > Systemsteuerung > E-Mail**. Klicken Sie auf **Hinzufügen**, und geben Sie einen Profilnamen ein. Anschließend richten Sie das Standard-E-Mail-Konto für das neue Profil ein (siehe Kapitel 2). Wählen Sie in der Outlook-Profilverwaltung die Option **Zu verwendendes Profil bestätigen**, damit Outlook beim Start jeweils das Profil abfragt.

Aufräumen und Archivieren

Festplattenkapazität ist heute keine Mangelware mehr, riesige Festplatten im Terabyte-Bereich sind erschwinglich geworden. Trotzdem kann es sinnvoll sein, die Outlook-Datendateien nicht beliebig umfangreich werden zu lassen. Dies kann schnell geschehen, insbesondere, weil auch Dateianhänge dort gespeichert werden. Ist die Größe der PST-Datei einmal im Gigabyte-Bereich angelangt, kann dies Auswirkungen auf die Start- und Suchgeschwindigkeit haben, auch wenn Outlook 2010 die Grenze erst bei 20 GByte setzt. Eine große PST-Datei ist letzlich auch für die Datensicherung unhandlich. Aus diesen Gründen sind in Outlook bereits Tools zum Aufräumen eingebaut.

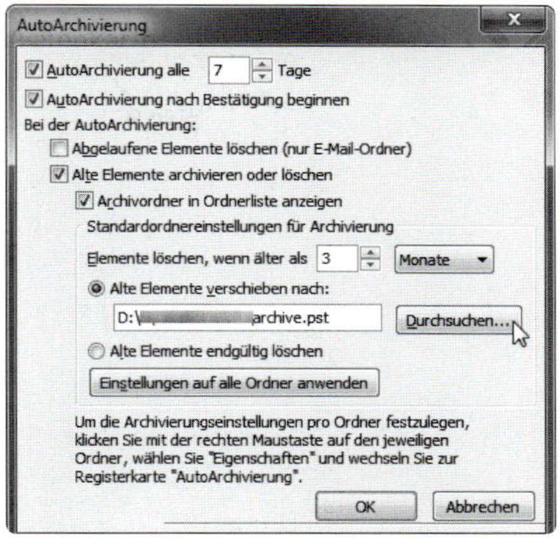

Bild 10.2 Vorgaben für die AutoArchivierung

Postfach bereinigen

Um ein Postfach bzw. eine Datendatei aufzuräumen, markieren Sie diese in der E-Mail-Ordnerliste und wählen dann **Datei > Tools zum Aufräumen > Postfachbereinigung**. Sie können sich hier zunächst die Größe der PST-Datei und der darin enthaltenen Ordner anzeigen lassen. Mit einem Klick auf die Schaltfläche **Leeren** werden gelöschte Elemente endgültig entfernt. Über die SuchOptionen können Sie alte oder besonders große Elemente suchen lassen, die Sie dann löschen oder aus der Suchliste öffnen und bearbeiten können.

Archivieren und AutoArchivierung

Ähnliche Argumente wie für das Aufräumen sprechen auch für das Archivieren älterer Elemente in einer separaten Datendatei. Die „aktive" PST-Datei wird dadurch schlanker und schneller, dasselbe gilt für die Suche und das Arbeiten mit Ansichten. Outlook bietet eine Archivierungsfunktion für alle Elemente mit Ausnahme der Kontakte. So werden alte Elemente nach Ihren Vorgaben automatisch in die Archivdatei verschoben oder gelöscht. Schauen Sie sich zunächst einmal die Standardarchivierungseinstellungen an. Anschließend können Sie für einzelne Ordner abweichende Archivierungsvorgaben machen.

1. Die Standardarchivierungseinstellungen öffnen Sie über **Datei > Optionen > Erweitert** > Abschnitt **AutoArchivierung** > Schaltfläche **Einstellungen für AutoArchivierung...**.
2. Im Dialogfeld **AutoArchivierung** geben Sie an, in welchen Zeitabständen ein Archivierungslauf erfolgen soll und ob dieser zunächst von Ihnen bestätigt werden muss (Bild 10.2). Abgelaufene Elemente, zum Beispiel Termine in der Vergangenheit, können optional gelöscht werden.

3. Aktivieren Sie die Option **Alte Elemente archvieren oder löschen**. In den **Standardordnereinstellungen** geben Sie beispielsweise an „Elemente löschen, wenn älter als 3 Monate“ sowie „Alte Elemente verschieben nach <Archiv-PST-Datei>“. Wie Sie eine PST-Datei anlegen, lesen Sie oben in diesem Kapitel.
4. Wenn Sie bisher noch keine ordnerspezifischen Einstellungen vorgenommen haben, klicken Sie einmal auf die Schaltfläche **Einstellungen auf alle Ordner anwenden**. So stellen Sie sicher, dass für jeden Ordner Ihre Archivdatei genutzt wird.
5. Bestätigen Sie mit **OK**.
6. Sie können nun für einzelne E-Mail-, Aufgaben- und Notizenordner sowie für Kalender jeweils individuelle Archivierungsvorgaben machen. Beispiel: Sie möchten private Outlook-Elemente bereits nach vier Wochen in eine eigene PST-Datei archivieren. Klicken Sie dazu mit der rechten Maustaste auf den entsprechenden Ordner in der Ordnerliste, und wählen Sie **Eigenschaften**. Öffnen Sie die Registerkarte **AutoArchivierung**.
7. Wählen Sie **Für diesen Ordner folgende Einstellungen verwenden**, und nehmen Sie in der gleichen Weise wie für die Standardvorgaben die gewünschten Einstellungen für diesen Ordner vor. Klicken Sie auf **Übernehmen**, bzw. schließen Sie mit **OK**.
8. Auch die individuellen Ordnerarchivierungen erfolgen in dem unter Schritt 2. angegebenen Zeitintervall automatisch. Um eine Archivierung **manuell** zu starten, wählen Sie **Datei > Tools zum Aufräumen > Archivieren > Alle Ordner gemäß ihrer AutoArchivierungseinstellung archivieren**. Bestätigen Sie mit **OK**.

Synchronisierung mit mobilen Geräten

Outlook-Daten sind prädestiniert für eine mobile Nutzung, sei es mit dem mobilen PC, also einem Notebook oder Netbook, einem Smartphone oder einem Tablet-PC. Für Smartphones und Tablets gibt es eine Reihe von Systemplattformen, von denen zurzeit Apples iOS (iPhone und iPad) und Googles Android (diverse Hersteller) den rasant wachsenden Markt anführen. Dementsprechend vielfältig sind die möglichen Gerätekonstellationen, für die jeweils eigene Wege zur Synchronisierung bestehen. Hier ein Überblick zur ersten Orientierung – weitere Lösungen und detaillierte Anleitungen für Ihre Konstellation finden Sie im Internet, zum Beispiel in den Foren für iPhone- oder Android-Nutzer.

Outlook und Notebooks

Die Synchronisierung der Outlook-Daten über mehrere Rechner entfällt, wenn ein Microsoft Exchange Server im Spiel ist, denn hier werden die Daten gleich zentral gespeichert – eine professionelle Lösung, die aber für den privaten Einsatz in der Regel nicht infrage kommt. Soweit es die Mail-Verwaltung betrifft, steht aber mit IMAP eine elegante Alternative zur Verfügung (siehe Kapitel 2). Wenn zusätzlich Kalender, Termine, Aufgaben und Kontakte synchronisiert werden sollen, bieten sich zwei andere Lösungswege an: zum einen der Einsatz von entsprechenden Software-Tools, zum anderen der Weg über einen Online-Dienst wie Google oder Windows Live.

Eines von vielen Software-Tools für die Outlook-Synchronisation ist zum Beispiel **SympleSYN** (siehe URL-Box). Eine Lizenz, mit der Sie zwei PCs über ein lokales Netzwerk abgleichen können, kostet 39 Euro, zehn Euro mehr kostet die Business-Version mit Internet-Abgleich.

Google ist nicht nur eine Suchmaschine, sondern bietet eine Reihe von Online-Diensten kostenlos an. Darunter sind auch die typischen Outlook-Funktionen Mail, Kalender, Notizen, Aufgaben und Kontakte. Google stellt mit **Calendar Sync** ein kostenloses Tool mit Outlook-Add-In bereit, das, einmal installiert, alle Termine aus Ihrem Google- und Ihrem lokalen Outlook-Hauptkalender automatisch abgleicht. Dabei können Sie wählen, ob der Abgleich nur in eine Richtung – von Outlook nach Google oder umgekehrt – oder in beide Richtungen erfolgt. Zur Aktivierung von Add-Ins lesen Sie den Fokus im Kapitel 3.

Die **Windows-Live-Dienste** sind mit denen von Google vergleichbar, bieten aber den Vorteil, dass Sie über den **Office Outlook Connector** (siehe unten) auch Mails, Kontakte, Aufgaben und Notizen einfach abgleichen können.

Die Online-Dienste **Windows Live** oder **Google** können also das Bindeglied zwischen Ihren PCs sein – ob mobil oder zu Hause.

Fokus: Outlook Hotmail Connector und Windows Live

Den Outlook Connector, auch als „Outlook Hotmail Connector" bezeichnet, können Sie kostenlos von der Microsoft-Website laden (siehe URL-Box). Sie erhalten eine EXE-Datei, die Sie mit Doppelklick starten. Folgen Sie den Installationsmeldungen. Stellen Sie danach sicher, dass das Add-In („Outlook Hotmail Connector) aktiviert ist, wie in Kapitel 3 beschrieben.

Nach der Installation richten Sie Ihr Windows-Live-Konto in Outlook ein: **Datei > Informationen > Kontoeinstellungen > Kontoeinstellungen > Registerkarte E-Mail > Neu**. Wählen Sie hier die Option

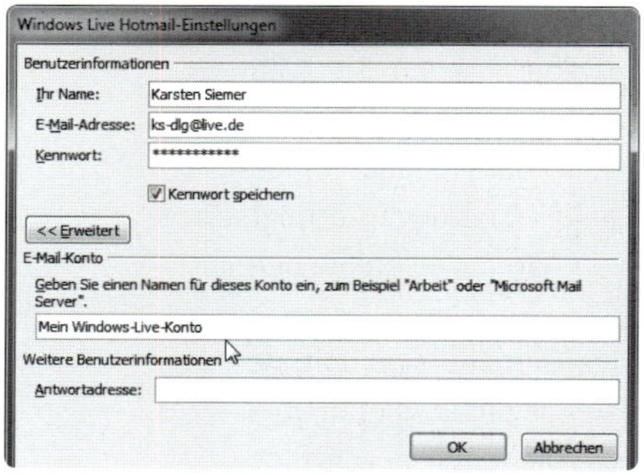

Bild 10.3 Windows-Live-Konto in Outlook

Andere und dann **Microsoft Outlook Hotmail Connector**. Bestätigen Sie mit **Weiter**, und geben Sie Ihre Windows-Live-Anmeldedaten ein (Bild 10.3). Bestätigen Sie mit **OK** und **Fertig stellen**.

Wenn die Anmeldung erfolgreich war, wird in der Outlook-Statusleiste am unteren Rand „Verbunden mit Windows Live Hotmail" angezeigt. Nun finden Sie für alle Outlook-Elemente (E-Mail, Kalender, Kontakte, Aufgaben und Notizen) zusätzliche Ordner vor, die mit Ihrem Online-Konto verbunden sind. Wenn Sie den Mauszeiger über der Ordnerbezeichnung positionieren, zeigt die QuickInfo das dazugehörige Windows-Live-Konto an.

Outlook und Windows Mobile Phone

Mit Windows Mobile Phone 7 will Microsoft sich dem Erfolg der marktführenden Smartphone-Plattformen iOS (Apple) und Android (Google) anschließen. Obwohl Outlook aus demselben Hause stammt, ist ein direkter Datenabgleich zwischen PC und Smartphone derzeit (noch) nicht möglich. Doch Microsoft bietet natürlich einen Weg an, der – ganz zeitgemäß und konsequent – über die „Cloud" führt, in diesem Fall über **Windows Live** (siehe Kapitel 1): Auf der einen Seiten sorgt der **Outlook Connector** für den Abgleich mit Windows Live, das wiederum über die Windows Live ID mit Ihrem Smartphone gekoppelt ist.

Outlook und iPhone/iPad

Auch für diese Kombination bietet sich als professionelle Lösung der Exchange Server an. Eine andere komfortable Lösung hieß bisher MobileMe. Diese geht jedoch im Herbst 2011 in iCloud über, den neuen Online-Dienst von Apple.

Für Nutzer eines Apple-Rechners soll dieser Dienst kostenlos zur Verfügung stehen. Sie können auch mit Windows Outlook über die Software **iTunes** auf Ihr MobileMe- bzw. iCloud-Konto zugreifen und so Mail, Kalender und Kontakte synchronisieren.

TIPP

Ein Programm, das Outlook und andere PIMs mit nahezu jedem Smartphone- und Tablet-System verbindet, heißt **CompanionLink** (siehe URL-Box). Das Programm kostet ca. 50 Euro und synchronisiert Kontakte, Kalender, Aufgaben und Notizen.

Outlook und Google/Android

Das Smartphone-Betriebssystem **Android** stammt von Google, auf einem Android-Smartphone geben Sie in der Regel ein Google-Konto an. Der oben für Notebooks beschriebene Weg bietet sich also auch hier an.

Für Android gibt es eine Reihe von Geräte-Herstellern, die jeweils eigene Lösungen anbieten. Zu den wichtigsten gehört HTC – hier heißt das betreffende Programm **HTCSync**. Es unterstützt neben Outlook-Terminen auch Kontaktdaten und E-Mails.

Sehr empfehlenswert ist auch die Android-App **MyPhoneExplorer**: eine ausgereifte und komfortable Synchronisations-App für Sony-Ericsson- und Android-Smartphones. Damit können Sie zum Beispiel über WLAN oder USB Kontakte, Anruflisten, SMS, Kalender, Dateien und vieles mehr synchronisieren. Nach der detaillierten Konfigurierung reicht dazu ein „Knopfdruck".

Erweiterungen

Outlook kann vieles, aber nicht alles. Deshalb gibt es Erweiterungen, die Outlook die eine oder andere zusätzliche Fähigkeit verleihen oder eine vorhandene Funktion (vermeintlich) verbessern. Solche Erweiterungen heißen „Add-Ins" oder „Add-Ons". Die „Connector-Add-Ins" für Online-Dienste oder soziale Netzwerke haben Sie in diesem Buch schon kennengelernt. Was gibt es sonst noch? Hier ein paar interessante Beispiele, Web-Adressen finden Sie in der URL-Box:

Lookeen: Mancher Outlook-Nutzer vertraut auf eine gute Suchfunktion anstelle anderer Ordnungsfunktionen. Die eigene Suche von Outlook ist schon schnell und gut (siehe Kapitel 5), doch mit diesem Tool geht es noch schneller und besser. Für den professionellen Einsatz, daher auch nicht kostenlos (ca. 35 Euro).

SMS-Add-In: Mit dem Microsoft Outlook SMS-Add-In können Sie SMS-Textnachrichten über ein Mobiltelefon senden, das mit dem PC beispielsweise über Bluetooth oder USB verbunden ist.

TwInbox: Wenn Sie ein Fan des Kurznachrichtendienstes Twitter sind, erweitern Sie Ihr Outlook mit diesem Add-In um alle Funktionen, die Sie als Twitterer oder Follower benötigen. Mehr zu Twitter lesen Sie im **DIGITAL***lifeguide* „Social Networks".

AutoSave: E-Mail-Anlagen können eine PST-Datei schnell unnötig aufblähen. In der Regel werden sie ohnehin als Datei auf der Festplatte abgelegt und müssten deshalb nicht zusätzlich in den Mails gespeichert werden. Die für eine „schlanke" Verwaltung mit Anlagen erforderlichen Funktionen bietet AutoSave. Eine ältere Version ist kostenlos erhältlich, die Pro-Version für 25 Euro.

Outlook Password: Dieses Add-In verspricht die Wiederherstellung von vergessenen oder verloren gegangenen Passwörtern. Das gilt sowohl für den Kennwort-Schutz von Outlook-PST-Dateien (siehe oben) als auch für die Kennwörter der E-Mail-Konten. Die kostenlose Testversion zeigt nur die beiden ersten Zeichen an, die Vollversion kostet etwa 30 Dollar.

Christmas Day Countdown: Wenn Sie endlich einmal rechtzeitig an die Weihnachtseinkäufe denken möchten, dann installieren Sie diesen Weihnachts-Countdown (zählt Tage, Stunden und Minuten!) – er spielt auch Weihnachtslieder vor.

URL

Outlook Gadget für Windows:
- http://microsoft.de.msn.com/windows/bilder.aspx?cp-documentid=150108889&page=20

Synchronisation:
- www.microsoft.com/downloads/de-de/details.aspx?familyid=d9662d20-ad27-45a6-9184-f906dd63ddaa&displaylang=de (Outlook Hotmail Connector)
- www.simplesyn.net ▪ www.companionlink.com
- www.fjsoft.at/de/downloads.php (MyPhoneExplorer)

Add-Ins:
- www.microsoft.com/downloads/de-de/details.aspx?FamilyID=240080b4-986e-4afb-ab21-3af2be63508b (SMS-Add-In)
- www.lookeen.net/de/ ▪ www.techhit.com/TwInbox/twitter_plugin_outlook.html ▪ www.heise.de/software/download/autosave_fuer_outlook/51138
- www.thegrideon.com/outpass.html (Outlook Password)
- www.add-in-express.com/creating-addins-blog/2010/12/01/free-outlook-christmas-day-countdown-add-in/

Outlook Gadget für Windows

Sie kennen und nutzen wahrscheinlich die praktischen kleinen Zusatzanzeigen auf dem Windows-Desktop: Auf vielen Bildschirmen ist zum Beispiel die Wetteranzeige oder eine Uhr zu sehen. Diese Desktop-Anzeigeprogramme heißen „Gadgets“ oder auch „Minianwendungen“. Für Outlook gibt es ein sehr empfehlenswertes Gadget, das Sie kostenlos herunterladen und leicht installieren können (siehe URL-Box). Das Gadget zeigt auf Ihrem Desktop standardmäßig die Anzahl der Mails im Posteingang (und davon ungelesene), die aktuellen Termine aus dem Kalender sowie aktuelle Aufgaben an. Ein Klick auf das Mail-, Kalender- oder Aufgabensymbol öffnet Outlook mit der entsprechenden Ansicht. Wenn Sie den Mauszeiger auf das Gadget bewegen, wird die Steuerungsleiste sichtbar (Bild 10.4). Klicken Sie auf **Optionen** (den Schraubenschlüssel), um individuell festzulegen, welche und wie viele Daten angezeigt werden und welches Aussehen („Skin“) das Gadget hat.

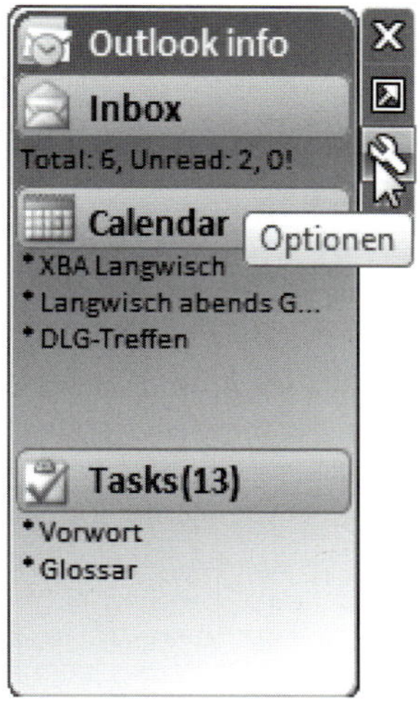

Bild 10.4 Outlook Gadget

Outlook als Mittel zum Zweck

In diesem Buch haben Sie einen Menge Möglichkeiten kennen gelernt, wie Sie Outlook beruflich und privat nutzen können. Doch es sind Möglichkeiten, keine Notwendigkeiten: Lassen Sie sich deshalb von der Vielzahl der Funktionen und Optionen nicht abschrecken. Falls Sie neu mit Outlook beginnen, gehen Sie langsam und „spielerisch“ vor. Outlook ist so flexibel, dass Sie auch später Ihre Datenorganisation noch optimieren können. Nutzen Sie nur, was Ihnen wirklich einen Gewinn an Zeit oder Unterstützung für Ihre täglichen Aufgaben verspricht.

Wir wünschen Ihnen viel Erfolg mit Outlook!

WEB TAGS

Android
Windows 7 Gadgets
Windows Phone 7
Windows Live
Twitter
iCloud
Outlook Add-In
iCal
Outlook synchronisieren

ANHANG

Glossar

80/20-Prinzip: Ein in vielen Bereichen häufig zu beobachtendes Verhältnis von Nutzen und Aufwand, entdeckt vom italienischen Ökonomen Vilfredo Pareto.

ABC-Analyse: Auf der Eisenhower-Methode basierende Einordnung von Aufgaben in die drei Kategorien „wichtig und dringend", „wichtig, nicht dringend" und „dringend, nicht wichtig". Aufgaben, die in keine dieser Kategorien passen, können sofort verworfen werden.

Add-In, Add-On: Zusatzprogramm, das in ein anderes Programm integriert wird und dieses um spezielle Funktionen erweitert. Viele Add-Ons gibt es zum Beispiel für Browser, Office-Programme oder Grafikprogramme.

Android: Betriebssystem für Smartphones und Tablets, das von Google initiiert wurde. Derzeit ist es die am schnellsten wachsende Plattform auf dem Mobilmarkt.

Ansicht: Bei Outlook wird als Ansicht der Bildschirmbereich bezeichnet, in dem Elemente (Datensätze) eines Ordners angezeigt werden. Die meisten Ansichten haben eine Tabellenform mit einer Zeile je Element (zum Beispiel je E-Mail) und einer Spalte je Datenfeld (zum Beispiel „Betreff").

Client: Vom englischen Wort für „Kunde" abgeleitete Bezeichnung für ein Programm, das auf Dienste, Daten oder Funktionen eines zentralen „Servers" („Dieners") zugreift. Ein Mail-Client kommuniziert mit dem Mail-Server, dem Rechner, auf dem das E-Mail-Postfach verwaltet wird.

Cloud: Cloud-Computing („Rechnen in der Wolke") bezeichnet Dienste, die in einem Netzwerk, zum Beispiel im Internet, zur Verfügung gestellt werden. Solche Dienste können Anwendungsfunktionen sein, etwa Office-Funktionen wie Textverarbeitung, oder auch die Nutzung von Speicherplatz wie bei einer Online-Festplatte.

Connector: Eine Art von Schnittstellen-Software, die den Datenaustausch zwischen verschiendenen Systemen ermöglicht. Beispiele sind der Outlook-Hotmail-Connector oder Outlook-Social-Connector für die Übernahme von Kontaktdaten aus Sozialen Netzwerken.

Dienst: Dienste, englisch „Services", sind Funktionen, die zum Beispiel über das Internet anderen Programmen auf der Nutzerseite zur Verfügung gestellt werden.

Disclaimer: Vom englischen „to disclaim" („abstreiten") abgeleiteter Begriff, der im Zusammenhang mit E-Mails und Webseiten einen Haftungsausschluss bezeichnet. Solche Klauseln werden oft am Ende einer Mail eingefügt, sind aber unabhängig von einer Signatur.

Exchange Server: Dies ist eine Microsoft- Lösung für die Zusammenarbeit in Unternehmen und die zentrale Verwaltung von E-Mails und Terminen.

Filter: Programme, die eine größere Anzahl von Datensätzen verwalten, bieten in der Regel die Möglichkeit, nach den Kriterien des Nutzers gezielt Daten herauszufiltern. Filter sind vergleichbar mit speicherbaren Suchanfragen.

GTD: Abkürzung von „Getting Things Done", der von David Allen in seinem gleichnamigen Bestseller vorgestellten Methode für das Zeitmanagement, deutsch: „Wie ich die Dinge geregelt kriege".

HTML: Abkürzung für „Hypertext Markup Language", eine Sprache, mit der Seiten aus Texten, Bildern und Links aufgebaut werden können. In Verbindung mit CSS ist eine

detaillierte visuelle Gestaltung der Inhalte möglich. HTML-Seiten können von einem Browser angezeigt werden.
HTTP: Hypertext Transfer Protocol; Übertragungsstandard für Internet-Daten.
iCal: Dateiendung des Standardformats für Kalenderdaten von iCalendar sowie Bezeichnung des auf Mac OS vorinstallierten Terminverwaltungsprogramms.
iCloud: Ein Online-Dienst von Apple, der ab Herbst 2011 MobileMe ablöst. Dient zur Synchronisierung verschiedener Geräte und stellt Online-Speicherplatz zur Verfügung.
IMAP: Abkürzung für „Internet Message Access Protocol"; dient der Verwaltung von E-Mails auf dem Server des E-Mail-Providers, Weiterentwicklung von POP3.
iOS: Apple-Betriebssystem für iPhone, iPad und iPod mit Anbindung an App Store und iTunes zur Verwaltung von Anwendungen und Inhalten.
Junk-Mail: Outlook-spezifische Bezeichnung für Spam-Mails, vom englischen „Junk" („Abfall") abgeleitet.
MobileMe: Dienst von Apple, mit dem Daten auf mobilen und stationären Geräten synchronisiert werden können, Vorgänger von iCloud.
OWA: Abkürzung für Outlook Web Access; eine von Microsoft entwickeltes Verfahren für den Zugriff auf E-Mail-Postfächer, die mit einem Microsoft Exchange Server verwaltet werden.
PDF: Portable Document Format; Dateiformat für Dokumente für die originalgetreue Wiedergabe im Druck und am Bildschirm. Zum Öffnen ist eine Lesesoftware wie der Acrobat Reader von Adobe erforderlich.
Phishing: Der kriminelle Versuch, an Passwörter, Zugangsdaten für Online-Banking oder andere vertrauliche Daten zu gelangen – insbesondere durch E-Mails, die einen falschen Absender vorgeben.
PIM: Personal Information Manager; Software oder Gerät für die Verwaltung von Kontakten, Terminen, Aufgaben etc.
POP3: Abkürzung für „Post Office Protocol, Version 3", im Unterschied zu IMAP werden E-Mails mit diesem Protokoll vom Mail-Server abgeholt um dann lokal, auf dem Rechner des Nutzers, verwaltet zu werden.
Signatur: Im Fussbereich einer Mail angefügte Daten zum Absender. Für die kaufmännische E-Mail-Kommunikation gibt es gesetzliche Mindestanforderungen für Signaturen.
Smartphone: Mobiltelefon mit erweitertem Funktionsumfang. Verbreitete Systeme sind iPhone, BlackBerry, Windows Phone, Symbian und Android.
SMTP: „Simple Mail Transfer Protocol"; Standard für das Senden von E-Mails vom Absender über dessen Mail-Server an den Empfänger.
Social Network: Soziales Netzwerk; mehr oder weniger geschlossene Gruppe von Internet-Nutzern, die über bestimmte Dienste persönliche Profile online stellen und mit anderen Nutzern kommunizieren.
Spam: Massenhaft unaufgefordert versendete E-Mails, meist zu Werbe- oder Betrugszwecken.
Synchronisation: Abgleichen von Daten zwischen verschiedenen Online-Diensten, Programmen, Geräten wie PC und Smartphone oder Datenspeichern bzw. Ordnern.
Trojaner: Schad-Software, die unbemerkt, etwa über Dateianhänge von E-Mails, auf einen PC gelangt und dort das System manipuliert, beispielsweise, in dem es Online-Zugriffe von außen ermöglicht.
vCard: Elektronische Visitenkarte, ein Standardformat zum Austausch von Kontaktdaten zum Beispiel zwischen E-Mail-Programmen durch Dateianhänge im vCard-Format.
Web-App: Kurzform für „Web Application"; eine Anwendung oder auch ein „Dienst", der über eine Online-Verbindung genutzt wird.
Webmail: Online-Dienste, die von E-Mail-Anbietern bereitgestellt werden und einen Zugriff auf E-Mail-Postfächer über entsprechende Internetseiten mit einem Browser ermöglichen.
Windows Phone 7: Das aktuelle Smartphone-Betriebssystem von Microsoft, Nachfolger von Windows Mobile.
ZIP: Vom englischen „Zipper" („Reißverschluss") abgeleitete Bezeichnung für ein Dateiformat, in dem Daten komprimiert, das heißt, mit reduziertem Speicherbedarf, gespeichert werden können. Ein ZIP-Archiv (oder „-Container") kann viele Dateien oder Verzeichnisse enthalten.

Index

IMPRESSUM

Bildnachweis: Bei allen Bildelementen handelt es sich um Bildschirmabnahmen (Screenshots), die von Programmen und Webseiten stammen und hier ausschließlich redaktionell verwendet werden.

Alle in diesem Buch enthaltenen Informationen, Verfahren und Darstellungen wurden nach bestem Wissen zusammengestellt und mit Sorgfalt getestet. Dennoch sind Fehler nicht ganz auszuschließen. Aus diesem Grund sind die im vorliegenden Buch enthaltenen Informationen mit keiner Verpflichtung oder Garantie irgendeiner Art verbunden. Autoren und Verlag übernehmen infolgedessen keine juristische Verantwortung und werden keine daraus folgende oder sonstige Haftung übernehmen, die auf irgendeine Art aus der Benutzung dieser Informationen - oder Teilen davon - entsteht.
Ebenso übernehmen Autoren und Verlag keine Gewähr dafür, dass beschriebene Verfahren usw. frei von Schutzrechten Dritter sind. Die Wiedergabe von Gebrauchsnamen, Handelsnamen, Warenbezeichnungen usw. in diesem Buch berechtigt deshalb auch ohne besondere Kennzeichnung nicht zu der Annahme, dass solche Namen im Sinne der Warenzeichen- und Markenschutz-Gesetzgebung als frei zu betrachten wären und daher von jedermann benutzt werden dürften.

Bibliografische Information der Deutschen Nationalbibliothek: Die Deutsche Nationalbibliothek verzeichnet diese Publikation in der Deutschen Nationalbibliografie; detaillierte bibliografische Daten sind im Internet über http://dnb.d-nb.de abrufbar.

Lektorat: Margarete Metzger
Herstellung und Layout: Stefanie König
Umschlagkonzept: Götz Schmidt
Umschlagrealisation: Stephan Rönigk
Druck und Bindung: Kösel, Krugzell
Printed in Germany
ISBN 978-3-446-42794-5
www.hanser.de/digitallifeguide